Von den Mitteln,

den Zustand der Arbeiter

gründlich und auf die Dauer zu verbessern.

Mit Bemerkungen über darauf Bezügliches:

Steuern, Wahlen der Volksvertreter, Volks-Unterricht, freie Presse, Volksversammlungen und allgemeine Bewaffnung.

Berlin,
Verlag von G. Reimer.
1849.

Inhaltsverzeichnifs.

Einige Druckfehler.

S.	5	Z.	7 v. o.	l. m.	diesem st. diesen
—	5	—	18 v. o.	- -	vorher st. früher
—	7	—	2 v. u.	- -	sich also st. sich
—	11	—	4 v. u.	- -	würden st. würde
—	14	—	12 u. 13 v. o.		soll es heiſsen: Die Prüfungen würden zugleich zum Vortheil der Verbrauchenden gereichen,
—	28	—	18 v. u.	l. m.	begründet st. richtig
—	43	—	14 v. o.	- -	Weniger st. weniger
—	58	—	15 v. u.	- -	Dieses st. dieses
—	64	—	6 v. u.	- -	billigerweise st. billgerweise
—	64	—	3 v. u.	- -	wäre st. ist und erfolgte st. erfolgt
—	150	—	15 v. o.	- -	beruht st. heruht

Was hier folgt, sind nicht blofs flüchtige, etwa erst durch die neuesten Zeit-Ereignisse angeregte Gedanken und willkürliche Theorieen, sondern es sind die Ergebnisse eines viele Jahre lang fortgesetzten Nachsinnens des Verfassers über den bezeichneten Gegenstand und sorgfältiger Beobachtungen auf seinen Reisen im In- und Auslande, und bei selbst längerem Aufenthalte in den verschiedensten Gegenden; nachdem allen Diesem ein angelegentliches Studium der Staatswirthschaft vorhergegangen war, die stets zu den Lieblingsgegenständen seines Nachdenkens gehörte und auch noch jetzt, wo er im Greisen-Alter steht, dazu gehört.

Der Verfasser sagt in schlichten Worten, ohne Redekunst und Aufregung, ohne Rückhalt und überall unmittelbar auf den Gegenstand eingehend, was nach seiner Überzeugung recht und wahr ist, und rechtfertigt jede Aufstellung durch Gründe. Möge man über das Vorliegende nicht flüchtig hinweggehen, sondern demselben, wenn auch nur einen kleinen Theil des Ernstes und des Nachdenkens widmen, die er selbst darauf verwendete! Unpartheiisch, ohne Leidenschaft, ohne Vorliebe für die eigene Meinung und mit Berücksichtigung von Beweisen und Gründen darüber urtheilend, wird man darin Wahres und Rechtes finden.

Der Verfasser bezieht sich an mehreren Stellen auf den preufsischen Staat, jedoch nur als Beispiel, und insbesondere auf diesen Staat deshalb, weil ihm derselbe, in allen seinen Theilen, am genausten bekannt ist. Sonst dürften die meisten Ansichten und Vorschläge im Wesentlichen auch eben so wohl wenigstens noch auf das ganze übrige Deutschland passen.

---

§. 1.

Bei der in der Überschrift bezeichneten, so wichtigen Aufgabe der neuesten Zeit sind unter „Arbeiter" offenbar insbesondere Diejenigen zu verstehen, welche durch ihre Arbeit nur ein Einkommen zu erwerben vermögen, das zu ihrer und ihrer Familie Erhaltung blofs kümmerlich hinreicht. Sonst sind eigentlich alle Staatsgenossen, nur mit Ausnahme Derer, die von dem Ertrage ihres, durch frühere Arbeit erworbenen Besitzes ohne besondere Mühe leben, und der Arbeits-Unfähigen und Almosen-Empfänger, Arbeiter. Es kommen indessen von denselben alle Die, deren Arbeits-Erwerb zu ihrer Erhaltung hinreicht, bei der vorliegenden Aufgabe nicht in Betracht, und also mögen, der Kürze wegen, wie es gebräuchlich geworden ist, auch hier unter Arbeiter insbesondere nur die oben bezeichneten verstanden werden.

§. 2.

Die gröfste Zahl Dieser findet sich unter den sogenannten Tagelöhnern und Handwerksgehülfen, zu welchen auch die Arbeiter in den Fabriken gehören, in den Städten, wie auf dem Lande. Es giebt zwar aufser denselben noch viele andere kümmerlich lebende Arbeiter, z. B. die wenig beschäftigten Handwerksmeister, die Besitzer oder Pachter ganz kleiner Grundstücke, ein Theil der Dienstboten, alle in öffentlichen Diensten sehr gering Besoldeten, zu welchen selbst ein grofser Theil der Schullehrer gehört u. s. w. Indessen mögen hier zunächst nur die Tagelöhner, Handwerksgehülfen und Fabrik-Arbeiter ins Auge gefafst werden; um so mehr, weil die Mittel, ihnen zu helfen, auch zum Theil auf die Übrigen günstig wirken würden.

§. 3.

Dasjenige Mittel, die kümmerlich lebenden Arbeiter zu erleichtern, welches sich zunächst darzubieten scheint, und welches auch, bis bessere Mittel angewendet werden können, wirklich für einen Augenblick zu dem einzigmöglichen werden kann, nemlich: ihnen einen höheren Lohn für weniger Arbeitsstunden zu zahlen, taugt offenbar für die Dauer nicht. Gegentheils ist es für die Folgezeit grade das, welches sie in's sichere Verderben bringt. Denn höherer Lohn für kürzere Arbeitszeit, oder auch schon für die bisherige Arbeitszeit, macht offenbar Das, was durch die Arbeit erzeugt wird, theurer; dann wird weniger davon gekauft und verbraucht; die Summe des Begehrten, und folglich des zu Erzeugenden, nimmt also ab; folglich finden immer weniger Arbeiter Beschäftigung; mithin finden Viele bald gar keine Arbeit mehr, und folglich gerathen viele Arbeiter nach und nach in die schlimmste aller Lagen, nemlich in die, gar nichts mehr zu verdienen, mithin in ein Elend, welches viel drückender ist, als es ihre frühere Lage war. Die Arbeitslosen zu ernähren, sind aber dann die Übrigen, theils nicht verpflichtet, theils auch bald nicht mehr im Stande: denn wenn der Verbrauch, und folglich Handel und Verkehr abnehmen, so schwindet auch der Wohlstand der Arbeitgeber, und das Ende von Allem ist allgemeines Elend. Ohne Arbeitgeber und ohne Verbrauchende keine Arbeit. Nur im rohen Naturzustande arbeiten die Arbeiter für sich selbst, wenn sie von der Jagd, allenfalls von der Viehzucht, einigem wenigen Ackerbau und vielleicht vom Kriege leben, so lange es Gegenstände des Krieges giebt. Des Staats oder der Gesellschaft Zweck und Pflicht ist es allerdings, für alle seine Genossen, also auch für die Arbeiter, zu sorgen: aber diese Pflicht kann nicht darin bestehen, ihnen Arbeit und vollen Lohn auch dann zu geben, wenn die Arbeit nicht mehr ihren Lohn einträgt; denn dies wäre auf die Dauer unmöglich, und zu dem Unmöglichen kann Niemand verpflichtet sein. Auch wäre dies nicht mehr Lohn, sondern, unter dem

Namen des Lohns, nichts anderes als ein Geschenk; und auf ein solches hat nur der Arbeits-Unfähige Anspruch, nicht Der mit gesunden Gliedern und gesundem Kopfe. Was der Staat für die Arbeiter thun kann, besteht vielmehr nur darin, und kann nur darin bestehen, die Gelegenheiten, ihnen Arbeit zu verschaffen, zu mehren und zu fördern, sie bei der Besteurung nach aller Billigkeit zu schonen, und ihnen die Wege und Mittel, sich selbst emporzuhelfen, nicht allein nicht zu versperren und zu erschweren, sondern ihnen dieselben vielmehr zu öffnen und auf alle Weise zu erleichtern; wovon weiter unten.

Es mag sein, dafs manche Arbeitgeber und Unternehmer von Erzeugnissen zu viel von dem reinen Ertrage für sich zu behalten und dadurch den Arbeitern ihren Lohn zu verkürzen scheinen; indessen können dies nur Ausnahmen sein, nicht die Regel: denn der Preiswetteifer (die Concurrenz) zwingt bald den Unternehmer, mit dem geringsten eigenen Gewinne sich zu begnügen. Ist er bis dahin gelangt, so ist es nicht mehr seine Schuld, wenn er den Arbeitern keinen höheren Lohn zahlen kann, und wenn diese kümmerlich leben müssen. Man nennt dies dann wohl immer noch den Druck des Capitals auf die Arbeit, aber mit Unrecht: denn sobald der Arbeitgeber durch die Mitbewerbung gezwungen worden ist, von seinem Besitzthum (Capital), welches er zu seiner Unternehmung anlegen mufste, mit dem geringsten Ertrage (Rente), so wie mit dem geringsten Lohne für seine eigene Arbeit sich zu begnügen, ist kein Druck mehr vorhanden.

§. 4.

Jenes augenblicklich helfende Mittel, den Arbeitern einen höhern Lohn zu zahlen, ist also durchaus nicht das, ihr Loos dauernd und auf die Folge zu verbessern. Es ist für die Arbeiter gleichsam ein Vorausverzehren, welchem unfehlbar bald und schnell der gänzliche Mangel und also das schrecklichste Elend folgen mufs. Eben so wenig würde den Arbeitern dadurch auf die Dauer geholfen werden können, wenn etwa der Staat oder die Regierung sich zu Unternehmern und Arbeitgebern machte. Nicht dafs dieses Mittel, theilweise am rechten Orte und richtig angewendet, ganz zu verwerfen wäre, würde es doch nicht allein völlig unmöglich sein, es ohne Ungerechtigkeit und ohne den Ruin vieler Tausende von Familien, ja sogar mit diesen Ruin, allgemein anzuwenden, sondern auch, wenn es möglich wäre, würde das Mittel, statt den Arbeitern zu helfen, für sie gerade die entgegengesetzte Wirkung haben. Denn, wie es die Erfahrung lehrt, fabricirt eine Regierung durch Beauftragte theurer, als unabhängige Unternehmer. Die Erzeugnisse würden also abermals wieder theurer werden, ihr Absatz würde sich daher, vermöge der Mitbewerbung des Auslandes, vermindern, und viele Arbeiter würden ganz brodlos werden; oder aber die Arbeiter müfsten, damit die Unternehmungen bestehen könnten, einen nur geringeren und noch geringeren Lohn bekommen, als früher; und so wäre der frühere Zustand nicht verbessert, sondern verschlimmert. Auch könnte dieses Mittel doch nur auf die Fabrik-Arbeiter, nicht auf die übrigen kümmerlich lebenden Leute sich beziehen.

§. 5.

Die Mittel, den Zustand der Arbeiter gründlich und dauernd zu verbessern, müssen daher nothwendig von der Art sein, dafs die Arbeitgeber, wie bisher, auch dann noch bestehen können, wenn sie den Arbeitern einen auskömmlicheren Lohn zahlen. Und zwar ist es dabei, wie bei allen Veränderungen, strenge Regel, dafs Alles, was geschieht, nicht allein ohne Beeinträchtigung des Eigenthums, sondern auch ohne Zwang geschehe. Denn Zwang, über den hinaus, welcher nöthig ist, Jeden zur Erfüllung der für Alle gleichen Pflichten zur Erhaltung und Beförderung des Wohlseins der Gesellschaft anzuhalten, so wie zur Verhinderung von Handlungen, welche Andern schaden, wäre ungerecht und eine Verletzung der

Freiheit, auf welche Jeder Anspruch hat und die darin besteht, dafs Jeder volle Befugnifs und Raum habe, neben der Erfüllung jener Pflichten, nach eigenem Willen Alles zu seinem Nutzen zu thun und zu unternehmen, *was Niemand schadet;* so dafs ihm also alle Wege offen stehen müssen, durch eigene Thatkraft (immer unter der Bedingung, Niemand zu schaden) sein Loos zu verbessern, ja die Mittel dazu ihm möglichst erleichtert werden müssen. Handlungen und Unternehmungen, die zugleich auch Andern nützen, sind verdienstlich und geben Anspruch auf Gegenseitiges. Handlungen, die Andern schaden, verletzen die Freiheit Dieser, und das Ende der Gegenseitigkeit davon ist die Zerstörung der Gesellschaft.

§. 6.

Um nun die Mittel zu finden, den Zustand der Arbeiter in diesem Sinne gründlich zu verbessern, ist zunächst zu erwägen, welche Umstände in der bisherigen Lage der Dinge es insbesondere sind, aus welchen der kümmerliche Zustand der Arbeiter entsteht.

Es sind hauptsächlich folgende.

I. Es ist für die vorhandenen Arbeitskräfte zu wenig Arbeit da; oder, umgekehrt: für die Arbeit dieser oder jener Art bieten sich der Arbeiter zu viele an. Dafs dies der wahre und einzige Grund der Herabsetzung des Lohnes sei, ist offenbar; denn gäbe es für den seine Dienste anbietenden Arbeiter einträglichere Arbeit, so würde er den ihm angebotenen kümmerlichen Lohn nicht annehmen, sondern eine andere Beschäftigung vorziehen. Es mufs also an Arbeit für ihn fehlen. Wäre es nicht so, so würde der Arbeitgeber bald gezwungen sein, einen höhern Lohn zu bewilligen, weil er der Arbeiter nicht entbehren kann.

II. Es fehlt den Arbeitern an Mitteln und Gelegenheit, sich andern Beschäftigungen, zu welchen auch der am wenigsten Unterrichtete noch fähig ist, zuzuwenden. Solcher Beschäftigungen aber giebt es wirklich, wie sich weiter unten zeigen wird, im weitesten Maafse, noch viele.

Auch sind dem Arbeiter zu wenige Mittel dargeboten, durch seinen Fleifs ein Eigenthum zu erwerben. Ganz besonders ist ja aber der Zustand derjenigen Familien traurig, welche kein Eigenthum weiter besitzen, als etwa ihre Arbeitswerkzeuge und ihre wenigen Wohnungsgeräthe; besonders für ihr Alter und für Krankheitsfälle. Die solchen Arbeitern dargebotenen Mittel, sich zu helfen, beschränken sich jetzt fast nur auf die Sparcassen, deren Einrichtung überdem öfters nicht ganz bequem und vortheilhaft ist.

III. Das Bestehen des Arbeiters, der, wie man sagt, nur aus der Hand in den Mund lebt, wird dadurch erschwert, dafs er seine Bedürfnisse, die er nur in den kleinsten Theilen kaufen kann, theurer und sehr viel theurer bezahlen mufs, als Der, welcher sie sich mehr im Ganzen anzuschaffen im Stande ist.

IV. Die Steuern treffen viele Arbeiter verhältnifsmäfsig höher, als Den, der ein besseres Auskommen hat; z. B. die Steuern auf Brod und Fleisch; denn der Geringste bedarf nicht allein eben so viel, sondern mehr Brod, als der behaglicher Lebende; und ohne Fleisch kann auch der Ärmste nicht sein.

V. Die Kosten des Unterrichts seiner Kinder fallen dem Arbeiter zu schwer: gleichwohl liegt, vor Allem, besonders in dem Unterricht eines der kräftigsten Mittel zur Verbesserung des Zustandes der künftigen Geschlechter.

Dieses dürften die Haupt-Ursachen der übeln Lage der Arbeiter sein. Auf sie müssen sich die Mittel der Abhülfe beziehen.

I. Vermehrung der Arbeit.

§. 7.

Da für die vorhandene Arbeit zu viel Arbeiter vorhanden sind, so mufs ihnen mehr Arbeit verschafft werden.

Allmälig, in fortdauernder Ruhe und Frieden, würde sich Das, unter sonst für die übrigen Puncte nöthigen veränderten Gesetzen, mehr oder weniger von selbst finden. Aber besonders in Zeiten der Umwälzung mufs der Staat und die Regierung, das heifst die Gesammtheit der Gesellschaft, zutreten und helfen. Sie vermag dies in der That, und auf eine Weise, die keinesweges Opfer erfordert, welche wieder auf die Arbeiter an ihrem Theil zurückfallen würden, sondern nur Auslagen, die reichlich wieder einkommen, welche also die Gesellschaft sehr wohl machen kann, und deren Wirkung nicht zum Nachtheil, sondern vielmehr zum dauernden Vortheil des Staats gereichen und sein Wohlsein nur vermehren wird.

Es ist nemlich noch gar Viel zu thun übrig für den weitern und bessern Anbau des Grund- und Bodens und für die Belebung des Verkehrs und Handels. Es sind noch gar viele Landstrecken, selbst in den Staatsgütern (Domainen), theils urbar, theils besser benutzbar zu machen; es sind noch manche Sümpfe auszutrocknen und schöne, fruchtbare Länder an den Flüssen einzudeichen; es lassen sich noch viele Wiesen durch Bewässerung erzeugen; es sind noch viele Wälder, die wenig oder nichts einbringen, zu lichten und in ernährendes Land umzuschaffen; es sind noch gar viele Chausséen und Canäle, und selbst noch Eisenbahnen nöthig; und noch die meisten Landwege sind wenig fahrbar. Mit Dergleichen beschäftige der Staat Arbeiter, die jetzt nur für kümmerlichen Lohn Arbeit finden, und bezahle sie auskömmlich. Auf dem Lande sind 10 bis 12 Silbergroschen täglich für die Familie ausreichend. Mit einer Million Thaler können also etwa 7000 Familien auskömmlich genährt werden; mit 3 Millionen über 20 000 Familien, also über 100 000 Menschen. Der Staat leihe demnach, wenn es nicht anders sein kann, dazu jährlich z. B. 3 Millionen Thaler (nicht eine grofse Summe auf einmal), und zwar nicht durch Unternehmer der Anleihe im Ganzen, oder grofser Theile derselben, sondern durch Ausgabe von verzinslichen Scheinen zu kleinen Summen, bis zu 10, 5 und selbst 1 Thaler hinunter. Dafs sich zu nützlichen, Erträge gewährenden Unternehmungen Darleiher zu guten Zinsen finden werden, ist nicht zu bezweifeln. Im Jahre 1836 zweifelte man, dafs sich die Anleihe zu der ersten kleinen Eisenbahn finden werde: jetzt haben sich in Deutschland zu Eisenbahnen 500 Millionen Thaler gefunden.

§. 8.

Es ist ein gar grofser Unterschied, wozu der Staat Ausgaben macht, und es wäre, wenn es insbesondere auf die Beschäftigung und Ernährung von brodlosen Arbeitern ankommt, gar sehr unrichtig, zu sagen, es sei ziemlich gleich viel, womit man sie beschäftige, wenn sie nur ihren Lohn ausgezahlt bekommen, um davon zu leben. Selbst im Kriege finden die Kämpfenden, und noch viele andere Leute, Anstellung und Unterhalt: aber der Krieg zerstört und vermindert das Volksvermögen; noch um mehr, als Das was er kostet. Liefse man die Arbeiter Werke blofs zur Zierde und zur Pracht ausführen, so bekämen sie freilich dadurch auch zu leben: aber Werke, zunächst zur Zierde, wenn auch sonst, als Kunstwerke, in ihrer Art allerdings ebenfalls und sehr nützlich, tragen Das was sie kosteten nicht unmittelbar wieder ein, und unmittelbarer Nützliches geht ihnen vor. Läfst man dagegen nützliche Werke durch die Arbeiter ausführen, so sind die Kosten eigentlich gar keine Ausgabe, sondern nur eine Auslage, die wieder einkommt; und zwar noch mit Zinsen und den Mitteln zur Rückzahlung. Hätte Deutschland die 500 Millionen Thaler, welche ihm seine Eisenbahnen kosteten, auf einen Krieg gewendet, so würden zwar eine Menge Leute dadurch eine Zeitlang ernährt worden sein, aber das Geld war verloren, und mancher Wohlstand obendrein; hätte es für die 500 Millionen Thaler Prachtgebäude errichtet, so würde ebenfalls eine Menge Leute dabei Beschäftigung und Unterhalt gefunden haben, und es blieb dem Lande die Zierde: aber sie trug nicht unmittelbar Zinsen, und auch die Kosten selbst kamen nicht wieder ein. Die Eisenbahnen dagegen, bei deren Errichtung nicht minder Leute ernährt wurden, werfen die Kosten allmälig wieder ab, tragen Zinsen der Auslage und erhöhen, nachdem sie sich bezahlt gemacht haben, was, wenn nicht schon durch den Überschufs der Einnahme über die gewöhnlichen Zinsen, gewifs mittelbar durch die Erleichterung und Vermehrung des Verkehrs geschieht, für immer, noch um eben so viel das Volksvermögen.

Also vorzugsweise mit nützlichen, zinsentragenden und das Land verbessernden Werken beschäftige man die Arbeiter. Beschäftigt man sie mit andern, nicht ergiebigen Dingen, blofs um sie zu ernähren, so sind die darauf verwendeten Kosten für den Staat ein Opfer, und das Ernährungsmittel ist nicht viel besser, als höherer Lohn für weniger Arbeitsstunden.

§. 9.

Sollte es ja eines Beweises bedürfen, dafs die Auslagen für nützliche Dinge reichen Gewinn tragen, so möge nur ein ganz einfacher und einzelner Fall betrachtet werden. Es kommt vor, dafs der Scheffel Kartoffeln, 20 Meilen von Berlin entfernt, 5 Sgr. kostet. Auf einer ungebauten Strafse würde das Herbeibringen derselben so hoch zu stehen kommen, dafs die Kartoffeln aus der Ferne in Berlin theurer würden, als aus der nächsten Nähe. Ist dagegen eine gute Strafse, eine

Eisenbahn, oder auch nur eine Chaussée, oder aus dem Innern des Landes eine Chaussée nach einer Eisenbahn hin, vorhanden, so wird es leicht umgekehrt sein. Die Stadt wird also dann die Kartoffeln wohlfeiler erhalten, und das sie erzeugende Land wird sie theurer verkaufen können und nicht mehr gezwungen sein, sie in Branntwein, der die Menschen vergiftet, zu verwandeln, um daraus Geld zu lösen. Also ein dreifacher Gewinn: der eine für die Stadt, der andere für den Werth der entfernten Grundstücke, der dritte für die Gesundheit, das Wohlsein und die Sittlichkeit der Menschen. Die Umgegend der Stadt wird freilich dann ihre Kartoffeln nicht mehr so theuer verkaufen können; allein sie wird, da hier Dünger in Menge vorhanden ist, von welchem jetzt noch viel unbenutzt bleibt, Anderes und Besseres erzeugen können, und der jetzige Zustand der Dinge deutet nur zugleich an, dafs das Land in der Umgegend der Stadt wohl noch anders und ergiebiger zu benutzen sei, als zu Kartoffeln.

Wenn nun die 20000 Arbeiterfamilien auf nützliche Weise anders und auskömmlich beschäftigt werden, so ist nicht allein ihnen, und zwar auf längere Zeit geholfen, sondern es vermindert sich zugleich auch schon um so viel die Zahl der Arbeiter für die bisherige Beschäftigung; die zurückbleibenden werden also nun schon leichter Arbeit und für höhern Lohn finden. Zwang und Beeinträchtigung von irgend Jemand ist hier nicht vorhanden.

§. 10.

Das so eben angegebene Mittel würde aber nur insbesondere Arbeitern aus den Städten und auf dem Lande helfen, die nicht zu den Handwerkern gehören; obgleich auch von diesen bei den Werken zum bessern Anbau des Landes eine namhafte Zahl Beschäftigung finden würde.

Dem Mifsverhältnifs der Zahl der Handwerker zu der für sie vorhandenen Arbeit, aus welchem der herabgedrückte Lohn derselben entsteht, dürfte, wenigstens allmälig, auch noch anders zu steuern sein: nemlich durch Beschränkung der Gewerbefreiheit.

Die unbedingte Gewerbefreiheit hat allerdings ihren Nutzen; aber auch ihre Nachtheile; und eben so ist es mit dem unbedingten Innungs- und Zunftzwange. Es läfst sich kurz sagen dafs die unbedingte Gewerbefreiheit insbesondere den Nutzen der Verbrauchenden, nemlich die Wohlfeilheit der Erzeugnisse, das Zunftwesen dagegen insbesondere den Gewinn der Zünftigen, nemlich möglichst hohen Erwerb für sie, zum Ziele hat. Aber weder die Eine noch das Andere erreicht seinen Zweck; während Jedes seine Nachtheile hat. Die unbedingte Gewerbefreiheit liefert den Verbrauchenden nur zu leicht nicht preiswürdige Erzeugnisse, welche also nur scheinbar wohlfeil sind; während sie die Arbeiter durch Überfüllung drückt, nemlich ihnen durch das Mifsverhältnifs ihrer Zahl zu der vorhandenen Arbeit ihren Erwerb vermindert. Das Zunftwesen dagegen liefert den Staatsbewohnern theure Arbeiten, die auch bald nicht mehr die besten sind, weil die geschlossene Arbeitergesellschaft weniger zum Fortschritt gezwungen ist; und seine eigenen Arbeiter drückt es durch Willkür ebenfalls. Auch zieht es in vielen Dingen die Mitbewerbung des Auslandes herbei. Die Abhülfe dürfte folgende sein.

§. 11.

Es läfst sich ganz gut ausmitteln, wie viele Handwerksmeister und Gehülfen für die Bedürfnisse einer Stadt- oder Landgemeinde nöthig sind. Das Gesetz bestimme, dafs nicht mehrere in der Gemeinde ansässig sein dürfen. Es versteht sich, dafs die jetzt etwa mehr vorhandenen nicht ausgetrieben werden dürfen; denn das wäre Zwang. Aber es dürfen keine neuen zugelassen werden, ehe nicht die richtige Zahl durch Abgang erreicht ist. Die Zahl selbst steigt natürlich mit der Bevölkerung und dem Bedürfnifs. Da, wo sich eine Art von Fabrication gebildet hat und diese oder jene Erzeugnisse auch aufserhalb der Gemeinde vorzugsweise gesucht werden und Absatz finden, müfste auf eine verhältnifsmäfsige Überzahl von Arbeitern gerechnet werden. Schon deshalb, so wie auch überhaupt, müfste es nicht verhindert werden, dafs die Handwerker der einen Gemeinde ihre Erzeugnisse auf die Märkte anderer Gemeinden bringen, oder auch sonst für Andere arbeiten; denn es bleibt den Andern das Gleiche zu thun unverwehrt, so dafs keine Schädigung Statt findet und die Erlaubnifs nicht der Gerechtigkeit zuwider ist. Der freie Verkehr aber erzeugt Wetteifer in Fleifs und Geschick; was für die Verbrauchenden vortheilhaft ist, während den Arbeitern im Allgemeinen nicht geschadet wird, da ihre Zahl im Ganzen die richtige ist. Es wird gerade den Fleifsigen und Geschickten Gelegenheit gegeben, sich hervorzuthun und davon die verdienten Früchte zu ziehen. Der Umstand, dafs die am theuern Ort Lebenden mit Denen am wohlfeilern Orte nicht Preis halten können, würde zur Folge haben, dafs ein Theil Jener nach dem wohlfeileren Orte übersiedeln und dafs nur Diejenigen zurückbleiben würden, welche für die Bedürfnisse in der Zwischenzeit der Märkte, oder für die Vorliebe der Bewohner der Gemeinde für ihre Arbeiten, nöthig sind. Auf alles Dieses müfste bei der Bestimmung der Zahl der in eine Gemeinde zuzulassenden Handwerks-Arbeiter gerechnet werden. Die Kosten der Herbeischaffung der Erzeugnisse von fernher setzen übrigens der Theilnahme an den Märkten in vielen Dingen ziemlich enge Schranken.

§. 12.

Die Gewerke jeder Art, in einer oder in mehreren Gemeinden, mögen sich nun zu Innungen verbünden, die für das Wohl ihrer Mitglieder auf jede Weise sorgen; auch durch Unterstützung ihrer Bedürftigen und Abgelebten. Das Gesetz aber bestimme, zum unmittelbaren Schutz der Arbeiter, besonders der Gehülfen, nach dem Übereinkommen dieser und der Meister selbst, den geringsten Lohnsatz, und schütze sie dabei. Ferner bestimme es, zu Gunsten der Gehülfen und Lehrlinge, dafs sie von den Meistern zu den offenen Stellen zugelassen werden müssen, sobald sie bei den, von unbetheiligten Sachverständigen, mit Zuziehung der Meister und eines Ausschusses der Gehülfen anzustellenden Prüfungen nachgewiesen haben, dafs sie die zu der Stelle nöthigen Kenntnisse und Übungen besitzen; wo und wie sie auch dieselben erworben haben mögen. Zum leichtern Erwerbe derselben müfsten ihnen Handwerksschulen verhelfen. Ähnliche Prüfungen müfsten für Diejenigen Statt finden, welche Meister werden wollen, und Die, welche am besten bestehen, müfsten die offenen Stellen antreten dürfen. Die Prüfungen gereichen zugleich zum Vortheil der Verbrauchenden, welche dadurch gegen schlechte Arbeiten gesichert werden. Unter gleich geschickten Inländern und Ausländern würde den Inländern der Vorzug gebühren; dagegen würde der geschicktere Ausländer dem Inländer vorgehen, damit auf alle Weise die Arbeiten selbst immer mehr vervollkommnet werden; denn nur dadurch ist die Vermehrung des Absatzes, auch nach dem Auslande, zu erzielen.

Auf solche Weise dürften die Handwerker gegen die Gefahr, aus Mangel an Arbeit mit einem allzugeringen Lohne sich begnügen zu müssen, geschützt und also ihr Loos gründlich und auf die Dauer verbessert werden, während die Staatsbewohner für gute Erzeugnisse nur Dasjenige bezahlen, wobei die Arbeiter bestehen können. Die Mitbewerbung des Auslandes kommt nur mehr bei den Werkstätten der getheilten Arbeit, den Fabriken, in Betracht, weniger bei den Erzeugnissen der Gewerke. Wo sie für diese Statt findet, ist es lediglich Sache der Gewerke selbst, durch vermehrtes Geschick sie abzuhalten; was auch in Deutschland zu erwarten ist. Schutzzölle sind im Allgemeinen der Wohlfahrt Aller gewifs nicht angemessen. Denn sind sie zu niedrig, so halten sie die Mitbewerbung des Auslandes dennoch nicht ab, und sind also dann nur eine neue Steuer auf die Verbrauchenden, ohne den Zweck zu erreichen: sind sie so hoch, dafs sie die Mitbewerbung wirklich abhalten, so sind sie ebenfalls, und zwar eine noch höhere Besteurung der Verbrauchenden; die dann obendrein die Vervollkommnung der Gewerbe hemmt.

§. 13.

Es ist hier noch eine Erörterung nöthig, die auch auf Anderes weiter unten Anwendung findet.

Wenn man nemlich dadurch, dafs man die Zahl der zu ihren jetzigen Beschäftigungen angestellten Arbeiter durch Unterbringung eines Theils derselben bei andern Arbeiten vermindert, die Arbeitgeber in die Nothwendigkeit versetzt, der für die bisherigen Beschäftigungen zurückbleibenden kleineren Zahl von Arbeitern einen höhern Lohn zu zahlen, so scheint es, dafs Dies im Grunde nicht viel Anderes sei, als wenn man die Arbeitgeber sonst auf irgend eine Weise zwingt, ohne Weiteres den höheren Lohn zu bewilligen. Allein dem ist nicht so. Durch höhern Lohn werden nemlich allerdings die Erzeugnisse der Arbeit theurer: aber wenn blofs höherer Lohn gezahlt wird, während das Bedürfnifs an Erzeugnissen und die Zahl der Käufer nicht zunimmt, wird von den theureren Erzeugnissen weniger abgesetzt und verbraucht, indem Jeder sich möglichst einschränkt. Es darf also dann auch nothwendig von den Arbeitern für höheren Lohn nur weniger erzeugt werden, und daher können viele derselben den höheren Lohn gar nicht bekommen und werden folglich brodlos. Wenn dagegen durch nützliche Werke die Blüthe und der Wohlstand des Landes erhöht wird, so nimmt das Bedürfnifs von Erzeugnissen und die Zahl der Käufer zu. So werden z. B. sogleich die anders beschäftigten Arbeiter selbst, aus frühern Erzeugern von Bedürfnissen zu Käufern und Verbrauchern derselben. Es wird demnach zunächst bald dahin kommen, dafs des zu Erzeugenden, ungeachtet der durch die höheren Preise verursachten Verminderung des Absatzes an die bisherigen Käufer, dennoch wieder für die mehreren Käufer eben so viel nöthig ist, als vorher; und also können nun die zurückbleibenden erzeugenden Arbeiter wirklich den höhern Lohn bekommen, und keiner von ihnen wird mehr brodlos. Nimmt der Wohlstand weiter zu, so wird auch die Einschränkung, welche sich die Verbrauchenden der höheren Preise wegen auflegten, aufhören, und es wird auch zu den höheren Preisen sogar noch mehr verlangt und abgesetzt werden, als früher. Reicht die verminderte Zahl der Arbeiter nicht mehr zu, das Begehrte zu erzeugen, so werden auch wieder mehrere Arbeiter, selbst für den höheren Lohn, zu ihren früheren Beschäftigungen Gelegenheit finden.

II. Gelegenheit für die Arbeiter zu andern Beschäftigungen und zum Erwerbe von Eigenthum.

§. 14.

Das oben in (§. 7.) angegebene Mittel würde insbesondere für den Augenblick und für die nächste Zukunft denjenigen Arbeitern helfen, welche nicht Handwerker sind. Aber es würde für die Dauer, so wie auch für die grofse Zahl Derer, welche einer Verbesserung ihrer Lage bedürfen, nicht ausreichen. Es ist also ein noch weitergreifendes und noch wirksameres Mittel nöthig.

Ein solches würde sein, dafs man den Arbeitern, aus den Städten und auf dem Lande, die Gelegenheit eröffnete, ein kleines Eigenthum an Grund und Boden zu erwerben und ihnen die Benutzung dieser Gelegenheit erleichterte; wodurch zugleich, mehr oder weniger schnell, eine Art der Benutzung des Grund- und Bodens des Landes herbeigeführt werden würde, bei welcher die Wirkung der Arbeit Denen, die den Boden mit ihren Händen bebauen, möglichst ganz, oder doch weniger abhängig von dem Besitz (Capital) Anderer zu gute kommt; nicht blofs mehr oder weniger nur zum Theil, wie es jetzt bei den Pachtern und den Dienenden der Fall ist, die in steter Abhängigkeit von den Eignern sind.

Dazu würde (im Allgemeinen gesprochen) nöthig sein, Anlässe zu geben, dafs der Grund und Boden allmälig von selbst mehr in Theile grade von derjenigen Gröfse zerfalle, dafs eine Familie, möglichst ganz ohne Dienstboten und Tagelöhner, höchstens mit Hülfe einer Magd, aus ihrem Eigenthum zureichenden Unterhalt zu erzielen vermöge. Diese Gröfse dürfte in mittelmäfsig fruchtbarem Boden etwa 20 bis 25 Morgen Acker und Wiese sein; in besserem Boden weniger, in schlechterem mehr. Die 20 bis 25 Morgen wird eine Familie von durchschnittlich 5 Personen fast allein mit den eigenen Händen (und darauf kommt es eben vorzüglich an) bebauen können. Kleiner darf der Besitz einer Familie, wenn sie sonst keinen Neben-Erwerb hat, wie z. B. die Landhandwerker u. s. w., nicht sein, weil er sie sonst nur zu kümmerlich ernähren würde; wenigstens für jetzt noch, wo der Ackerbau noch nicht bis zum Gartenbau sich erhoben hat; und ist er gröfser, so sind wieder Pachter und Dienstboten nöthig.

§. 15.

Das Gesetz müfste daher auch wiederum die weitere Zerstückelung des Grund- und Bodens nicht zulassen; die Wiederzusammenhäufung aber müfste es erschweren.

Beides würde es etwa durch die Bestimmung erreichen, dafs bei den Vererbungen jedem der Erben wenigstens 20 bis 25 Morgen gebühren, insofern der Wille des Erblassers nicht etwa die Abfindung einiger der Erben, oder aller, bis auf einen, durch Geld, bestimmt hat; und dafs, wenn der Nachlafs nicht so grofs ist, dafs Jeder 20 bis 25 Morgen, oder dafs selbst nur Einer von ihnen sie bekommen kann, der Erblasser, oder der Familienrath, denjenigen der Erben zu bestimmen habe, der mit 20 bis 25 Morgen Land bedacht werden soll, während die Übrigen durch Geld, oder durch Eintragung ihres Anspruchs auf das Grundstück, entschädigt werden. Diese Übrigen werden dann entweder durch Verheirathung mit andern, in ähnlichem Falle sich befindenden Erben, vielleicht wieder ein volles Besitzthum zusammenbringen, oder sie müssen eine andere Beschäftigung suchen; wobei ihnen die Erwerbung eines neuen Landstücks von 20 bis 25 Morgen offen steht; und zwar so lange, bis Dergleichen nicht mehr zu haben ist; welches dann der Zeitpunct wäre, wo die wirkliche Übervölkerung anfängt und wo die Auswanderung nöthig ist. Dieser Zeitpunct ist aber für viele Landestheile noch sehr fern. Denn obgleich im Allgemeinen auf die Familie durchschnittlich 5 Personen, also 3 Kinder zu rechnen sind, so folgen doch keineswegcs nach jedem Menschen-Alter von etwa 36 Jahren 3 Personen auf 2, und die Bevölkerung nimmt, der Erfahrung nach, nicht etwa in 36 Jahren von 100 bis auf 150, in zweiten 36 Jahren von 150 bis auf 225, in dritten 36 Jahren von 225 bis auf 337 u. s. w. zu: vielmehr steigt sie, wie bekannt, viel langsamer; was darin liegt, dafs Viele unverheirathet, Andere kinderlos bleiben und von Zeit zu Zeit Krankheiten und frühzeitiger Tod die Vermehrung der Volkszahl hemmen.

Wenn man nun den Arbeitern dazu behülflich wäre, solche Bodentheile von etwa 20 bis 25 Morgen als Eigenthum zu erwerben, so würde einer ungemein grofsen Zahl jetzt darbender Leute dauernd geholfen werden, während zugleich der Grund und Boden selbst, zum grofsen Gewinne des Staats, besser und höher würde genutzt werden.

§. 16.

Dafs nemlich ein Eigenthümer seine eigene Arbeit höher ausbringen kann, als ein Pachter und als ein Dienstbote oder Tagelöhner, beruht auf folgenden Gründen.

Dem Pachter liefert nemlich zwar der Eigenthümer des Grund- und Bodens allerdings einen Theil der nöthigen Erwerbsmittel (Capital), nemlich wenigstens den Grund und Boden selbst, und der Pachter thut nur die Betriebsmittel, an Viehstand, Ackergeräth u. s. w., hinzu: aber dieser Pachter würde, wenn er selbst der Eigenthümer wäre und die Zinsen, die er jetzt für den Grund und Boden entrichtet, sich selbst, oder, falls der Werth des Grundstücks geborgt ist, einem andern Gläubiger zahlte, mit der gleichen Arbeit deshalb mehr Ertrag erzielen, weil er, so lange er die Zinsen richtig bezahlt, nicht von dem Grundstück verdrängt werden kann. Denn ein Pachter wird in der Regel ein Grundstück immer nur so benutzen, wie es eben ist; er wird sich hüten, von dem Seinigen Etwas zuzulegen, was erst nach längerer Zeit einen höhern Ertrag, wenn auch mit reichlichem Ersatz der Zinsen, gewähren kann, weil die Verbesserung des Grundstücks nicht ihm, sondern dem Eigenthümer zu gute kommt, der ihm nach Ablauf der Pachtzeit die Pacht entweder nehmen, oder den Pachtzins, eben der Verbesserung wegen, erhöhen kann. Dafs aber in gar vielen Gegenden die Benutzung des Grund- und Bodens besser sein und der Ertrag davon durch Anwendung einiger Auslagen noch sehr erhöht werden könnte, ist bekannt. Man findet z. B., besonders auf grofsen Landgütern, selbst mit sehr fruchtbarem Boden, noch häufig die Brachwirthschaft, welche bekanntlich eine nur unvollkommene Benutzung des Grund- und Bodens ist. Diese dauert unter Pachtern fort; und so hält zugleich das Pachtwesen die Erhöhung des Ertrages des Landes zurück. Es ist bekannt, durch wie Vieles und Mannigfaches noch der Ertrag des Grund- und Bodens zu erhöhen möglich wäre: durch Verbesserung des Bodens selbst, durch Verbesserung der Viehzucht, durch Benutzung der Seen und Teiche zur Fischerei, durch den Anbau von Gewächsen neben dem Getreide, die in den Gewerben nützlich sind, durch Verbreitung des Obstbaues und des Gartenbaues u. s. w. Von allen Diesem wird der Pachter aus dem obigen Grunde zurückgehalten; und sogar der grofse Eigenthümer selbst seinerseits mehr oder weniger, eben durch die Verpachtung.

Ferner bedürfen zwar jetzt die Dienstboten und Tagelöhner, auch auf dem Lande, fast gar keiner eigenen Mittel (Capital), aber sie sind auch völlig von dem Eigenthümer des Grund- und Bodens abhängig; und wenn es, wie jetzt, diesen Arbeitern an Gelegenheit fehlt, ein Eigenthum zu erwerben, wenigstens der Erwerb eines solchen ihnen nicht erleichtert wird, so sinkt der Ertrag ihrer Arbeit für sie immer weiter hinab. Denn die Zahl der Tagelöhner und Dienstboten nimmt mit der Bevölkerung immerfort zu, und da die Vervollkommnung der Benutzung des Landes, wie oben bemerkt, durch das Pachtwesen zurückgehalten wird, so sind für die vorhandene Arbeit bald der Arbeiter zu viele da; ihr Lohn sinkt also immer tiefer, und wenn er bis zu dem, zum Unterhalt nicht mehr Zureichenden gelangt ist, so müssen die Leute, wenn sie nicht etwa nach fremden Ländern auswandern können, was für sie aus Mangel an Mitteln schwer ist, in die Städte sich begeben, und vermehren dann dort wieder die schon zu grofse Zahl von Arbeitern. Zwar ist die Lage der Tagelöhner und Dienstboten auf dem Lande nicht ganz so traurig, als die der Eigenthumlosen in den Städten: denn sie haben gewöhnlich doch noch ein Stückchen Land, wenn auch nur miethsweise, und vielleicht einiges Vieh; auch erhalten sie wohl, bedingungsmäfsig, von dem Eigenthümer oder Pachter des Grund- und Bodens einige Feldfrüchte zu festen Preisen, als Theil ihres Lohns; sie sind also dem dringendsten Mangel weniger ausgesetzt, als die Arbeiter in den Städten, die, sobald es ihnen ganz an Arbeit fehlt, dem Elende erliegen: indessen ist auch die Lage der Tagelöhnerfamilien auf dem Lande traurig genug; denn sie sind wieder, mehr als die Arbeiter in den Städten, an den Ort und den Boden gebunden, und auch der angestrengteste Fleifs kann ihnen wenig helfen. Ihre Arbeit können sie nicht so hoch ausbringen, als wenn sie auch nur das kleinste Eigenthum besäfsen. Dabei ist es ein Übel und ein Verlust für die Eigenthümer des Grund- und Bodens, also für das Volksvermögen, von welchem der gröfste Theil in der Wirkung der Arbeit besteht, dafs die dienenden Leute sehr natürlich lässig und, in geradem Verhältnifs der Kargheit ihres Lohns, so wenig arbeiten, als möglich.

Die Nachtheile des jetzigen Pacht-, Tagelohn- und Dienstwesens bestehen zusammengenommen: Erstlich in Verzögerung der Verbesserung des Anbaues des Landes; Zweitens in läfsiger Arbeit, also in unvollkommener Benutzung der Arbeitskräfte des Volks, und Drittens in der kummervollen Lage der grofsen Masse der Landbewohner. Gäbe es nur Eigenthümer, so würde Jeder seinen Besitz so vollkommen zu benutzen suchen, als nur möglich; Acker- und Gartenbauschulen, oder Beispiele, vom Staate gegeben, müfsten ihn mit Unterricht und Vorgang dabei unterstützen; Jeder würde mit Lust und fleifsig arbeiten, denn er arbeitete dann für sich selbst, nicht für Andere; die Arbeitskräfte des Volks würden vollständiger benutzt, der Ertrag des Bodens würde höher ausgebracht werden und die Arbeit würde ihren verdienten Lohn finden. Ein sehr weitgreifendes und wirksames Mittel, den jetzigen Zustand der Arbeiter gründlich und dauernd zu verbessern, wäre also, dafs man jeder Familie allmälig zu einem Eigenthum von 20 bis 25 Morgen nutzbaren Bodens zu verhelfen suchte.

§. 17.

Diesem Satze treten freilich alle die Einwände Derjenigen entgegen, welche von der Erhaltung grofser Landbesitzungen unmittelbar oder mittelbar Vortheile zu haben glauben; oder auch Derjenigen, welche, obwohl unbetheiligt und in guter Meinung, den Gegenstand nicht von allen Seiten, sondern nur künstlich und mit vorgefafster Meinung betrachten. Statt diese Einwände einzeln widerlegen zu wollen, was die Genannten doch nicht überzeugen würde, wollen wir nur an einem Beispiele Folgendes bemerklich machen.

Gesetzt, es besitze Jemand zusammen (aneinderhangend, oder nicht,) Eine Quadratmeile (etwa 22 000 Morgen) Land, von welchen 16 000 Morgen mittelmäfsig fruchtbarer Acker und Wiese sein mögen; das Übrige Wald, Strafsen, Wohnstellen und, entweder unbenutzbare, oder nur erst wenig benutzte, wenn gleich besser benutzbare Flächen. Es giebt dergleichen Besitzthümer gerade nicht wenige; es giebt selbst noch gröfsere, und eine Menge, weniger, aber doch noch immer bedeutend grofser Landgüter.

Da der Besitzer der 16 000 Morgen Acker und Wiesen die Bewirthschaftung derselben nicht allein wird übersehen können und auf der großen Fläche einzelne Höfe oder sogenannte Vorwerke sein müssen, so wird er in der Regel diese Vorwerke, einzeln, oder auch je einige zusammen, verpachten. Die Pachter von vielleicht 2000 bis 3000 Morgen werden noch Aufseher zu Hülfe nehmen, und Diejenigen, welche Hand ans Werk legen, werden Dienstboten und Tagelöhnerfamilien, nebst den nöthigen Handwerkern sein; vielleicht für die angenommene Ausdehnung der Landfläche, etwa 2000 Menschen, und darüber, an der Zahl.

Was wird nun die Folge dieser Art der Benutzung des Bodens sein? Der Eigenthümer wird, wenn nicht etwa sein Besitz stark verschuldet ist, mit seiner Familie im Überfluß leben und, wenn er nicht mehr ausgiebt als einnimmt, Reichthümer anhäufen können. Die 6 oder 8 Pachter werden, wenn ihre Pachtbedingungen billig sind, mit ihren Familien behaglich leben und ebenfalls einiges Vermögen erwerben können. Auch die Aufseher werden noch in einer annehmlichen Lage sich befinden. Die Lage der Handwerker wird ebenfalls noch erträglich sein: aber alle Übrigen, die Dienstboten und Tagelöhner, mit ihren Familien, immer noch gegen 2000 Menschen an der Zahl, werden gerade nur so viel zu verzehren haben, als eben zu ihrer Lebens-Erhaltung nöthig ist; denn der Pachter sucht die ihm nöthigen Arbeitskräfte so wohlfeil zu bekommen, als möglich, und er findet sie wirklich für den möglich-geringsten Lohn, weil, wie oben bemerkt, in Folge der Zunahme der Bevölkerung mehr Arbeitskräfte da sind, als Arbeit. Also: eine einzelne Familie wird im Überfluß leben; 6 oder 8 werden zum Wohlstande gelangen können; vielleicht 20 oder 30 werden sich behaglich befinden; andere 40 oder 50 ebenfalls noch erträglich: alle übrigen, in Familien oder einzeln lebenden 2000 Menschen aber werden ihr Dasein in Dürftigkeit hinschleppen, aus welcher sie, selbst durch angestrengten Fleiß, sich emporzuarbeiten nicht vermögen, so lange sie in der Stellung Dienender oder Tagelöhner bleiben müssen. Nur wenigen von ihnen wird es gelingen, von ihrem geringen Lohn so viel zu ersparen, um ein kleines Eigenthum zu erwerben. Sie werden also eine Erleichterung ihres Daseins in Läfsigkeit bei der Arbeit und mitunter vielleicht einen traurigen, vergeblichen Trost im Branntwein suchen. Dabei entbehren sie eines bedeutenden Theils derjenigen Freiheit, auf die Jeder gleichen Anspruch hat, nemlich der Freiheit in dem oben in (§. 5.) bezeichneten Sinne, der gesetzlichen, wahren Freiheit, das heifst derjenigen: neben der Erfüllung der Pflichten zur Erhaltung der gesetzlichen Ordnung, Alles das ungehindert zum eigenen Nutzen thun zu dürfen, was Andere nicht schädigt. Wir wiederholen hier, im Vorbeigehen, dafs es eine andere Freiheit, darüber hinaus, nicht giebt: denn verletzt die Freiheit die gesellschaftliche Ordnung und schädigt Andere, so führt sie durch die Gegenseitigkeit offenbar zuletzt zur Zerstörung und Vertilgung der Gesellschaft. Auch von jener gesetzlichen Freiheit mufs sogar beinahe Jeder, immer und fast in allen Verhältnissen des Lebens, noch ferner einen Theil aufgeben; denn mehr oder weniger abhängig von Andern ist Jeder, und mufs mehr oder weniger seinen Willen nach dem Anderer beugen; schon in der Familie selbst: aber der Tagelöhner und Dienstbote mufs sehr viel von seiner gesetzlichen Freiheit opfern; er mufs fast ganz den Gebrauch seines Willens, nicht etwa den Gliedern seiner Familie, was gern geschähe, sondern seinem Brodherrn opfern; und das nicht einmal ganz freiwillig; denn er steht unter dem Zwange der Dürftigkeit und hat nicht die Gelegenheit und die Mittel, sich zu einer bessern Lage emporzuarbeiten. Den möglich-gröfsten Theil der gesetzlichen oder wahren Freiheit geniefst erst der Eigenthümer, der aus der Benutzung seines Eigenthums durch seiner Hände Arbeit seinen Unterhalt gewinnt.

§. 18.

Wie würde es sich nun gegentheils verhalten, wenn die 16000 Morgen Acker und Wiese, je zu 20 bis 25 Morgen, oder die ganze Fläche je zu etwa 30 Morgen durchschnittlich, unter etwa 700 Familien als Eigenthum vertheilt wären? Es würden 3500 Menschen, zwar nicht im Überfluſs leben, aber sie würden nicht Mangel leiden, und die Fleiſsigen würden sich behaglich befinden; vor Allem aber würden sie, als Eigenthümer, der wahren, gesetzlichen Freiheit in so weitem Maaſse genieſsen, als es überhaupt möglich ist. Die Fleiſsigen und Einsichtigen würden (was dem Tagelöhner und Dienstboten fehlt) die Mittel und die Gelegenheit in Händen haben, sich noch weiter emporzuarbeiten: dem Läſsigen und Arbeitsscheuen ist überhaupt nicht zu helfen; denn er erfüllt nicht die Pflichten gegen sich selbst, geschweige gegen Andere.

Man sage nicht, die 700 Familien würden doch immer nur eine Gesellschaft Dürftiger sein. Dem ist nicht so. Ein Eigenthümer von 30 Morgen Land wäre selbst dann noch nicht dürftig, wenn auch sein Eigenthum mit seinem ganzen Verkaufswerth verschuldet wäre. Dieser Werth kann nemlich immer nur die Summe sein, welche Jemand für das Grundstück in der Überzeugung bezahlen würde, er werde, im Fall er es mit eigener Hand bebaut, diejenige Zulage zu den Zinsen daraus erzielen, die seine Arbeit lohnt, sonst würde er sich mit den bloſsen Zinsen begnügen und seine Arbeit anderswo zu verwerthen suchen; oder er werde, wenn er nicht selbst Hand anlegen will, einen Pachter finden, dem die Benutzung des Grundstücks, noch auſser den Zinsen, Unterhalt gewährt. Gesetzt z. B. das Grundstück von 30 Morgen gebe der Familie, die es mit den eigenen Händen bebaut, einen reinen Ertrag von 300 Thlr. jährlich, so beträgt der Verkaufswerth desselben, oder Das, was ein Anderer dafür bezahlen kann, nicht etwa (den Ertrag als Zins zu 4 vom Hundert gerechnet) 7500 Thlr., sondern bei weitem weniger.

Hat nemlich die Familie den Lohn ihrer Arbeit auf 200 Thlr. anzuschlagen, nemlich auf Das, was sie etwa auch noch auf andere Weise erarbeiten könnte, so bleiben als Zinsen des Verkaufswerths nur 100 Thlr. übrig, und folglich beträgt der Verkaufswerth nicht 7500 Thlr., sondern nur 2500 Thlr. Höher kann nun auch das Grundstück nicht verschuldet werden: denn Niemand wird darauf mehr leihen, als er, wenn es ihm für seine Schuldforderung zufiele, dafür bekommen würde; und kein Käufer würde wieder dafür mehr bezahlen, als es ihm, aufser dem Lohne seiner Arbeit, an Zinsen der Kaufsumme einträgt. Bezahlte Jemand mehr als 2500 Thlr. dafür, so müfste er entweder, falls er das Grundstück selbst bebauen wollte, den Lohn seiner Arbeit geringer anschlagen, oder, wenn er es nicht selbst benutzte, würde es zweifelhaft sein, ob sich ein Pachter finde, der mit einem geringeren Lohne seiner Arbeit zufrieden wäre. Also, wenn auch das Grundstück mit seinem ganzen Kaufwerth verschuldet wäre, trüge es doch nothwendig noch immer den Lohn der auf seine Benutzung verwendeten Arbeit. Dafs aber der Eigenthümer einen höheren Ertrag daraus erzielen kann, als ein Pachter, liegt darin, dafs der Eigenthümer Verbesserungen an seinem Besitz machen kann und wird, die ihm einst zu gute kommen, die aber der Pachter zu machen Anstand nimmt, weil er der Früchte davon nicht gewifs ist. Desgleichen wird der Eigenthümer, wenn er das Grundstück mit eigener Hand bebaut, einen höhern Ertrag daraus erzielen, als wenn er seinen Besitz durch Dienende oder Tagelöhner bebauen läfst, weil diese nicht für sich, und folglich läfsig, der Eigenthümer dagegen nur für sich, und also fleifsig arbeitet. Der Eigenthümer, welcher selbst arbeitet, kann daher in jedem Fall den Ertrag seines Grundstücks, mithin entweder den Lohn seiner Arbeit, oder den Kaufwerth seines Besitzes, höher hinaufbringen, als es durch jede andere Benutzungs-Art möglich ist; selbst dann noch, wenn das Grundstück bis zum vollen Kaufwerth verschuldet ist.

Der Haupt-Umstand ist immer, dafs der Eigenthümer seinen Besitz, mit Hülfe seiner Familie, ***selbst und mit eigener Hand bebaue.*** Dafs er dabei des möglichsten Grades der wahren Freiheit geniefst, entscheidet vollends für den Vorzug der Benutzung des Landes durch Eigenthümer, die selbst arbeiten, vor jeder andern. Ein Eigenthümer kann vermöge dieser Freiheit durch Fleifs sich emporarbeiten, allmälig seine etwaige Schulden tilgen und sich zum Wohlstande erheben; was der Dienende nicht vermag.

§. 19.

Man sage auch nicht, die Fortschritte der Bildung und der Einsichten des Volks überhaupt würden leiden, wenn die Zahl der kleinen Land-Eigenthümer zu und die der gröfseren abnähme. Es würde vielmehr das Gegentheil erfolgen. Die weitern Fortschritte der Bildung und Einsichten nemlich gehen nicht vom Lande, sondern von den Städten aus; diese Fortschritte würden also mindestens bleiben: die Träger und Verbreiter der mittleren, eigentlichen Volksbildung, insbesondere Schullehrer und Geistliche, aber würden auf die Eigenthümer mehr wirken, als jetzt auf die dienende Masse, und die Eigenthümer, frei von Zwang und Dürftigkeit, würden bald an Bildung und Sittlichkeit über die jetzige dienende Classe sich erheben. Auch würden Die, welche den vertheilten Grund und Boden bewohnen, keinesweges alle nur Leute sein, die mit ihrer eigenen Hand das Feld bauen und aus dem Boden die rohen Erzeugnisse ziehen: ihre Bedürfnisse würden bald (mehr als jetzt die der Dienenden) Handwerker, selbst solche, die für die Behaglichkeit arbeiten, Kaufleute, Ärzte u. s. w. aus den Städten herbeiziehen; die zur Verarbeitung der rohen Erzeugnisse nöthigen Einsichten, und selbst höhere Bildung, würden mehr aus den Städten auf das Land hinausfliefsen und die Bildung des Volks würde sich mehr verbreiten und allgemeiner werden. Eine Volksmasse von Eigenthümern würde bald auf einer höhern Stufe der Einsichten und der Sittlichkeit stehen, als eine Masse von Dienenden: denn nicht allein, dafs eine weniger bedrückte Gemüthsstimmung und eine freiere Bewegung des Geistes dem jedem Menschen inwohnenden Fortstreben förderlich ist, würde auch schon der eigene Vortheil die Eigenthümer zwingen, sich mehrere Kenntnisse und Einsichten zu eigen zu machen; es ist ja ihre Lebens-Aufgabe, durch Einsichten und Fleifs sich weiter aufzuschwingen; und das Streben danach, nur erst angeregt, ist mächtig. Die Eigenthümer können sich emporarbeiten: die Dienenden können es nicht. Jene bedürfen mehrerer Einsichten, diese nicht; daher müssen denn auch Diese, wie es die Erfahrung zeigt, jetzt häufig gezwungen werden, ihre Kinder in die Schule zu schicken: bei den Eigenthümern würde dies bald nicht mehr nöthig sein.

Man könnte hier einwenden, dafs es ja jetzt schon eine Menge kleiner Land-Eigenthümer gebe (die sogenannten Bauern), die nur noch erst wenig in der Bildung und Sittlichkeit vorgeschritten seien. Der Einwand ist nicht richtig. Denn einestheils ist es im allgemeinen unrichtig, dafs die kleinen Land-Eigenthümer vor die Tagelöhner und Dienenden nicht vorgeschritten wären: anderntheils ist die Erhebung der Eigenthümer aus der Dienstbarkeit, da, wo sie noch wenig gewirkt hat, noch jung; wo sie älter ist, ist der Unterschied allerdings sehr merklich; und endlich bedarf der allgemeine Volks-Unterricht noch der Vervollkommnung; er ist mehr auf die grofse Masse der Dienenden berechnet, die auch unter den kleinen Eigenthümern noch zahlreich sind, als auf diese selbst. Warlich! so wie jetzt die Tagelöhner und die Dienstboten schon weit über den Leibeigenen stehen, so würden sich die Eigenthümer, im Besitz der Mittel und der Gelegenheit, sich emporzuarbeiten, gehörig vom Unterricht unterstützt und mehr mit den Städten, den Verarbeitern der rohen Boden-Erzeugnisse und mit höheren Einsichten in Berührung gebracht, sehr bald über eine Masse erheben, welcher jene Gelegenheit und jene Mittel fehlen.

§. 20.

Man könnte auch noch einwenden, daſs, wenn die Zahl der groſsen Landgüter abnehmen sollte, die Gelegenheiten für den groſsen Geldbesitz sichere Renten zu erzielen sich vermindern würden. Aber diese Gelegenheiten würden, gerade umgekehrt, eher zu- als abnehmen; und zwar durch den vermehrten Wohlstand des Landes, der nothwendig aus der bessern Benutzung des Grund- und Bodens mittels selbstarbeitender kleiner Eigenthümer entstehen würde. Dieser vermehrte Wohlstand würde nemlich immer mehr groſse Unternehmungen anregen: zur Erweiterung und Belebung des Verkehrs und Handels, zur Ur- und Nutzbarmachung von Ländereien, von Wäldern, Sümpfen u. s. w.; von welchen Unternehmungen dann wieder die Wirkung rückwärts den Wohlstand weiter heben würde. Solche groſse Unternehmungen sind es, bei welchen der groſse Geldbesitz die Gelegenheit finden würde, seine Zinsen zu gewinnen; und zwar nicht allein eben so sichere, sondern noch sicherere Zinsen, als durch groſse Landgüter. Denn da durch die Anlage von Geldbesitz zu nützlichen groſsen Unternehmungen der allgemeine Wohlstand fortschreiten würde, so würde auch die Sicherheit der Zinsen zunehmen. Durch den Ankauf von groſsen Gütern bleibt höchstens der Wohlstand stehen, und die Zinsen, welche solche Güter tragen, sind bekanntlich, wegen möglichen Miſswachses, wegen Schwankungen der Preise der rohen Erzeugnisse und anderer Wechselfälle, keinesweges sehr sicher.

Also, für den groſsen Geldbesitz, zunächst selbst, würde die Verminderung der Zahl der groſsen Landgüter, die auſserdem wohl immer nur langsam von Statten gehen dürfte, keinesweges nachtheilig, sondern, wegen der sichererern Zinsen, eher vortheilhaft sein. Auſserdem aber würde erst so der groſse Geldbesitz seinen Nutzen, den er allerdings auch für die Gesammtheit hat, vollständig erzielen. Denn, zu nützlichen Unternehmungen angelegt, erhöht er die Wohlfahrt der ganzen Gesellschaft: zu groſsen Landgütern dagegen angelegt, verewigt er die Dienstbarkeit und die Unvollkommenheit der Benutzung des Grund- und Bodens und nutzt nur mehr seinen Inhabern, weniger zugleich unmittelbar der Gesammtheit: ein Umstand, dessen weiter unten noch näher zu gedenken sein wird.

§. 21.

Es wäre nun zu untersuchen, wie sich jener bessere Zustand der Mehrheit des Volks, namentlich der Tagelöhner und Dienenden, aus den jetzigen Verhältnissen auf eine Niemand *wirklich* verletzende Weise entwickeln lassen dürfte. Ehe wir indessen dazu übergehen, wollen wir erst noch ferner auf einige andere vortheilhafte Erfolge aufmerksam machen, die sich dem veränderten Zustande anschliefsen würden.

Da es unzweifelhaft ist, dafs kleine Land-Eigenthümer, die das Feld mit eigener Hand zu ihrem eigenen Vortheil fleifsig bauen, behaglicher leben werden, als Tagelöhner, die ähnliche Arbeit läfsig thun, so ist es auch gewifs, dafs sie mehr Bedürfnisse haben werden, als diese. Der Eigenthümer wird sich etwas besser kleiden; er wird eine bessere Wohnung und besseres Hausgeräth haben, als der Dienende u. s. w. Daraus folgt, dafs auch die Verarbeiter der Boden-Erzeugnisse, die Handwerker und Fabricanten, so wie der Handel, mehr Beschäftigung finden werden, und zwar, nachdem allmälig das Eigenthum allgemeiner an die Stelle des Pacht- und Dienstwesens getreten sein wird, in sehr weitem Maafse. Jetzt müssen die Fabricanten gar sehr auf den Absatz nach dem Auslande rechnen, weil der Absatz im Inlande, aufserhalb der Städte, gering ist, indem die grofse Masse der Landbewohner nicht die Mittel hat, bessere Fabricate zu bezahlen: aber eine wahre Kleinigkeit würde auch der beste Absatz nach dem Auslande gegen den inländischen Markt sein, wenn die Millionen Menschen, die sich jetzt auf das Allernothwendigste beschränken müssen, nur einige wenige Behaglichkeit mehr sich gestalten könnten. Während also die Arbeiter auf dem Lande, die Tagelöhner und Dienstboten, allmälig zu Eigenthümern würden und aus ihrer drückenden Lage kämen, würde daraus auch eine gleich vortheilhafte Wirkung für die Arbeiter in den Handwerken und Fabriken entstehen.

Man sage nicht, daſs das Ganze am Ende nur ein Traum sei, der vielleicht erst in Jahrhunderten, vielleicht nie, zur Wirklichkeit gelangen könne. Das Letztere ist nur dann wahr, wenn man mit der Veränderung nie den Anfang macht. Man beginne nur erst, so wird auch die Wirkung beginnen; und sie wird sehr bald merkbar werden. Freilich läſst sich das Übel nicht auf der Stelle heben; nicht in einem Augenblick lassen sich alle dürftigen Arbeiter in eine bessere Lage bringen: aber gleich schon der Beginn wird, wie schon weiter oben angedeutet, auf doppelte Weise wirken; denn nicht bloſs *der* Theil der Bedürftigen, deren Lage man verbessert hat, wird gewinnen, sondern auch schon sogleich, aus doppeltem Grunde, der übrig bleibende Theil: denn so wie die Zahl der Arbeiter, welche jetzt nur geringen Lohn erhalten können, weil ihre Zahl zu groſs ist, abnimmt, muſs der übrig bleibende, an Zahl verminderte Theil, nothwendig leichter und lohnendere Beschäftigung finden; und das um so mehr, da die Arbeitgeber dann nicht weniger, sondern vielmehr eine gröſsere Zahl von Arbeitern beschäftigen können, indem die Arbeit selbst nicht ab-, sondern, wegen der mehreren Bedürfnisse der Bessergestellten, zunimmt.

§. 22.

Eine andere wichtige Wirkung der Veränderung würde folgende sein.

Eine der Ursachen nemlich, weshalb die Hand-Arbeiter in den gröſseren Städten so kümmerlich leben, ist die dortige Theurung. Auf dem Lande wird eine Arbeiterfamilie wohl von der Hälfte Dessen leben, was sie in der groſsen

Stadt bedarf, und besser als dort von dem vollen Lohn, sobald sie einige, wenn auch nur 5 bis 6 Morgen Land besitzt, um Gartenfrüchte zu bauen und eine Kuh, nebst ein Paar Schweinen oder Ziegen zu halten. Sobald nun die Gelegenheit zur Ansiedlung von Arbeitern auf dem Lande gegeben ist, die neben dem Ertrage ihres Grundbesitzes noch einen Erwerb durch andere Hand-Arbeit zu erzielen vermögen, wozu sie auch Zeit übrig behalten, wird ganz von selbst die Folge davon sein, dafs sich gar manche Fabrik-Unternehmungen aus den grofsen Städten hinaus auf das Land begeben. Denn diese Fabriken werden diejenigen in den Städten durch wohlfeilere Preise leicht überflügeln können, weil sie die Hand-Arbeit wohlfeiler haben, und sie werden die zurückbleibenden bald zwingen, ihnen nachzufolgen. In früherer Zeit wäre diese Wirkung allerdings zweifelhaft und jedenfalls weniger allgemein zu erwarten gewesen, als jetzt, weil man, einestheils, zu der Bewegungskraft, deren die Fabriken, und viele derselben in sehr grofsem Maafse bedürfen, nächst der unzuverlässigen Kraft des Windes, fast nur die Kraft der Wassergefälle kannte, die nicht überall zu haben ist und deren Benutzung, wo sie sich findet, öfters viele Schwierigkeiten und Übelstände hat; anderntheils weil die Fuhrkosten der rohen Stoffe und der Fabricate auf ungebauten Strafsen die Erzeugnisse wieder sehr vertheuert haben würden. In der jetzigen Zeit dagegen, wo die Benutzung der Dampfkraft, die sich überall hervorbringen läfst, schon allgemeiner geworden ist, und wo wenigstens die Hauptstrafsen gebaut sind und bald Eisenbahnen die Bewegung der Frachten noch mehr erleichtern werden, sind jene beiden Hindernisse kaum mehr vorhanden, und der oben bezeichnete Erfolg, ohne allen Zwang, ist nicht zweifelhaft.

Wenn nun so Fabriken allmälig aus den grofsen Städten auf das Land sich hinausbegäben, würden daraus wieder neue, namhafte Vortheile für den Staat entstehen. Erstlich würden die Fabricate wohlfeiler werden; die inländischen Werkstätten würden es also eher mit den ausländischen aufnehmen können und deren Erzeugnisse sicherer und besser ausschliefsen, als durch Schutzzölle, während sie dem inländischen Markte leichter zugänglich werden und mehr Käufer finden würden. Zweitens würden sich die Fabrik-Arbeiter in mehr als einer Rücksicht auf dem Lande besser befinden, als in den Städten; sie würden nicht mehr so kümmerlich leben, besonders nicht dem gänzlichen Mangel ausgesetzt sein; denn wenn selbst einmal die Fabrication ganz stocken sollte, würde ihr kleines Eigenthum sie wenigstens noch nicht umkommen lassen. Dabei würden sie gesunder sein: denn wenn sie ihre Zeit zwischen der Land- und der Fabrik-Arbeit theilten, entweder nach Stunden, oder nach Tagen, so würde die erste für die zweite sie stärken. Dafs sie auf diese Weise weniger Stunden oder Tage in der Fabrik arbeiten, für einen verhältnifsmäfsigen Theil des gegen den in der Stadt geringeren Lohns, ist grade gut, weil dann eine um so gröfsere Zahl von Arbeitern nöthig ist und also desto mehr Familien in eine behaglichere Lage gebracht werden. Wenn eine Familie, Mann, Frau und ein oder zwei Kinder, auf dem Lande in der Fabrik zusammen 10 Sgr. täglich, also jährlich etwa 100 Thlr., neben dem Ertrage ihrer 5 bis 6 Morgen Land, baar verdienen kann, und dafür Zweidrittheile ihrer Zeit arbeitet, so dafs dem Unternehmer die volle Arbeitszeit 15 Sgr. kostet, so wird die Familie immer noch besser leben, als wenn ihr der Unternehmer in der Stadt 20 bis 25 Sgr. bezahlt; womit sie dort immer nur erst noch kümmerlich durchkommt. Freilich müssen noch, falls der Unternehmer die Arbeiter auf seine Kosten ansiedelt, zu den 150 Thlrn. jährlichen Kosten der vollen Arbeit, die Zinsen des Kaufwerths der Besitzung der Familie gerechnet werden, welche 30 bis 40 Thlr. betragen können, und zwar so lange, bis die Angesiedelten den Kaufpreis allmälig getilgt haben: aber immer wird die Arbeit auf dem Lande noch bedeutend wohlfeiler sein, als in der Stadt, und es wird also, auch noch die Frachtkosten in Anschlag gebracht, wohlfeiler fabricirt werden können, während die Arbeiter behaglicher sich befinden und weniger dem gänzlichen Mangel ausgesetzt sein werden. Drittens werden die Arbeiter auf dem Lande sittlicher sein, als in der Stadt, weil sich ihnen hier weniger Anlafs zum Müfsiggang, zur Üppigkeit und, aus den Vorbildern Mehr-Erwerbender, weniger Verleitung zu Wünschen entbehrlicher Dinge darbietet, als in der Stadt; was dann wieder weiter auch auf ihr körperliches Wohl zurückwirken wird. Viertens endlich werden die den Verarbeitern der rohen Erzeugnisse nöthigen mehreren Kenntnisse und Übungen auch allmälig auf die Ackerbauer wirken; es werden mehrere Einsichten und mehreres Geschick allmälig auf das Land hinaus sich verbreiten.

§. 23.

Sollte es nicht so schnell, oder doch nicht so bald geschehen, dafs sich aus den grofsen Städten Fabriken auf das Land ziehen, weil die Unternehmer derselben zugleich für die Ansiedlung ihrer Arbeiter mit sorgen, sie gleichsam auf solche Weise mitnehmen, oder aber Unternehmer neuer Fabriken Auslagen für die Ansiedlung ihrer Arbeiter machen müfsten, so ist hier der in (§. 4.) gedachte Fall, wo die Regierung mit Nutzen in die Fabrication eingreifen kann. Es müfste dies jedoch keinesweges auf die Weise geschehen, dafs sie durch Beauftragte selbst fabriciren läfst, sondern z. B. auf folgende Weise. Sie vertheile an Arbeiter Land auf dem ihr zugehörigen Boden, also auf den Staatsgütern (Domainen), und siedle sie an, unter Bedingungen, von welchen weiter unten die Rede sein wird. Sodann schliefse sie gleichzeitig mit Unternehmern der Fabrication von Bedürfnissen des Kriegsheeres, also von Bekleidungs- und Ausrüstungs-Gegenständen für dasselbe (und an solchen Unternehmern wird es gewifs nicht fehlen) Vereine, mit der Bedingung, dafs dieselben den Arbeitern nie weniger als den zu bestimmenden, auskömmlichen Lohn zahlen, und dafs ihnen dagegen der Absatz ihrer

Erzeugnisse, insofern sie preiswürdig sind, ebenfalls für bestimmte Preise, zu dem vorhin angegebenen Zwecke, von der Regierung gesichert werde. Diese Preise lassen sich sehr gut berechnen, und selbst ihre, nach den schwankenden Preisen der rohen Stoffe veränderliche Höhe, mit Einschlufs einer angemessenen Vergütigung für die Arbeit, für das Wagnifs und für die Zinsen der Anlagekosten der Unternehmung, bei welchen letztern nöthigenfalls die Regierung den Unternehmern leihweise und unter der Bedingung regelmäfsig-allmäliger Rückzahlung (Amortisation) zu Hülfe kommen mag. Was der Unternehmer dann noch weiter durch Geschick und Thätigkeit, jedoch durchaus ohne die Arbeiter zu drücken, gewinnen kann, ist sein Vortheil. So würde die Regierung die Bedürfnisse für das Heer preiswürdig, sicher und wohlfeiler erhalten, als jetzt; die Unternehmungen würden gesichert und gründlich sein, und die Hand-Arbeiter würden sich dauernd wohl, und viel wohler befinden, als bisher. Diese Vorbilder von Unternehmungen aber würden bald auch Andere zur Nachahmung bewegen.

§. 24.

Auch folgende, sehr wichtige Wirkung der Ansiedlung von recht vielen Familien auf dem Lande, mit Eigenthum, ist wohl zu berücksichtigen.

Je gröfser nemlich die Zahl der Eigenthümer unter den Bewohnern eines Staats ist: um so fester und dauernder wird die Ruhe und der Frieden, unter welchen allein der Wohlstand und der Volksreichthum weiter gedeihen kann, im Lande sein; denn nur die Besitzlosen trachten nach Veränderung; das Streben nach Besitz ist das stärkste und heftigste der menschlichen Thätigkeit; und dies sehr natürlich, weil der Besitz das Mittel zur Selbst-Erhaltung und zur Behaglichkeit ist. Zunächst trachtet der Besitzlose nach Geld; allein diese Art des Eigenthums ist zu beweglich und zu flüchtig; das Streben nach Erwerb kommt nur erst dann mehr zur Ruhe, wenn es zu einem Eigenthum gelangt ist, das im Boden wurzelt. Der Kampf um Besitz geht dann gleichsam vom Angriff mehr in Vertheidigung über, und dieser Kampf findet wieder seine Kraft in der Festigkeit und Dauer des Bestehenden.

Die Ruhe und der Frieden sind aber weiter die kräftigsten und nöthigsten Mittel zur Mehrung des wahren Reichthums des Volks, welcher nicht in einzelnen Reichthümern besteht, deren Anhäufung jetzt, für die Dauer, besonders auf den großsen Landgütern beruht, weil Das was der Handel anhäuft, sich leicht wieder zerstreut, sondern in möglichst allgemeinem Wohlstande, dessen Summe schon bei weitem größser sein wird, als die der einzelnen Reichthümer und also einen viel größsern Volksreichthum bildet.

§. 25.

Es wird hier nicht unnütz sein, die Wirkung einzelner Reichthümer und überhaupt größserer, über das Nothwendige und über das zur Behaglichkeit Nöthige hinausgehender Einkünfte auf die Gesammtheit, näher zu betrachten, weil partheiische Urtheile darüber nur zu leicht und unrichtig sind; wiewohl sich gewißs sagen läßst, daßs doch am Ende wohl kaum Jemand den Reichthum und den Überflußs an sich selbst mißsbillige, sondern nur am Andern, und weil er selbst arm ist. Schwerlich würde Jemand es verschmähen, selber reich zu sein

Der Überflußs in einzelnen Händen hat, wie so vieles Andere, eben sowohl seinen Nutzen, als seine Nachtheile.

Ein Nutzen davon ist schon der, daßs der Reichthum viele Arme unmittelbar ernährt und den Austausch der Erzeugnisse und dadurch den Handel und Verkehr belebt; aber dieser Nutzen ist der geringere. Der größsere ist, daßs durch die, insbesondere vom Überflußs ausgehende Anregung und Förderung, nicht allein der schönen Künste und in mancher Rücksicht auch der Wissenschaften, sondern überhaupt der

Vervollkommnung der zum Gebrauch und Verbrauch im Leben nützlichen Dinge, die höhere Thätigkeit der menschlichen Geistes-, Erfindungs- und Einbildungskraft auf die mannichfaltigste Weise geweckt und angespornt, also der geistige Theil des Menschen überhaupt weiter entwickelt wird. Ein Volk, welches sich bloſs mit dem Gewinn der rohen Erzeugnisse aus dem Boden und mit der nothdürftigsten Verarbeitung derselben beschäftigte, würde immer nur auf einer sehr niedrigen Stufe der Entwickelung stehen bleiben. Und etwa auf einer höhern Stufe der Sittlichkeit steht der Erfahrung nach ein solches Volk nicht. Der Zustand, zu welchem es gelangen würde, wenn er zur Beharrung kommen sollte, würde ungefähr dem der Chinesen ähnlich sein. Je weiter zurück, um so mehr würde er sich dem der Wilden nähern; und der Zustand Dieser ist keinesweges glücklich. Allerdings lehrt auch die Erfahrung, daſs die immer höher steigende, vom Reichthum angeregte Entwicklung der Geisteskräfte und, wie man es nennt, die Verfeinerung, ebenfalls zu einem Zustande führt, dem zuletzt die Sittlichkeit fast erliegt und aus welchem erst grauenhafte Umstürze die Besserung allmälig zurückführen. Aber diese Wirkungen immer steigender Entwicklung der Geisteskräfte der Menschen sind nicht die nothwendigen und naturgemäſsen Folgen derselben, etwa wie umgekehrt die Verwilderung wirklich die nothwendige Folge der Nicht-Entwicklung der menschlichen Fähigkeiten ist. Nicht durch die Bildung der Geister geht die Sittlichkeit unter, sondern durch ihre Verbildung.

§. 26.

Fassen wir diese *Verbildung* und Das was sie fördert, wodurch sie überhand nimmt, so wie ihre Folgen, einen Augenblick näher ins Auge.

Sie entsteht, verbreitet sich und nimmt überhand, wenn sich die gesellschaftlichen Bande, statt sich enger zusammenzuziehen, lockern und lösen, selbst die der Familie; wenn der geistige Theil der menschlichen Natur dem körperlichen, statt dieser jenem, je mehr und mehr dienstbar wird; wenn man das blofs Sinnen-Erregende für das Schöne, den Schein und das Ungeheuerliche für das Wahre nimmt; wenn sich die Leidenschaften über die ruhige Vernunft stellen und für Vernunft gilt, was die Vernunft selbst anzugreifen und umzuwerfen trachtet; wenn man, schon erschlafft, den Schein eben so viel gelten läfst, als Gründe; wenn man in Dingen, die die Wohlfahrt betreffen, also auch die geistige Entwickelung, Jedem die gleiche Stimme gestattet, er mag von Dem, was zur Wohlfahrt führt, etwas verstehen, oder nicht; wenn man die Eigensucht, statt sie zu zügeln und zu regeln, anstachelt und das Ich nur äufserlich und heuchlerisch als ergänzenden Theil der Gesellschaft, nach der wahren innerlichen Meinung aber als Gesondertes und Unbeschränktes betrachtet, mit dem Recht, Andre nach seinem Willen und nach seinen Launen zu beugen; was offenbar zum graden Gegensatz der Freiheit führt, nemlich zur Knechtung der Schwachen durch die Stärkeren, der Redlichen durch die schlauen Gewissenlosen, der Beschränkteren durch die klügeren Herrschsüchtigen; wenn man wohl gar für die Gleichheit des Rechts auf Erwerb die Gleichheit des Rechts auf das Erworbene setzt, was nimmer sein kann, weil die Erwerbskräfte verschieden sind; wenn man an dem Heiligen rüttelt, das heifst, an ewigen Wahrheiten, die durch sich selbst feststehen, indem ihr Gegensatz auf Widersprüche führt, wie z. B. an der Grundregel der Gesellschaft: „Was du willst, dafs man dir thue, dafs thue auch Andern," an dem Satz von der Naturgemäfsheit und der Nothwendigkeit des Eigenthums, an der Wahrheit des Daseins einer geistigen Urgewalt, die, eben wie das unendliche Weltall, auch die kleinen und kleinsten menschlichen Dinge lenkt und leitet; wenn man das Gute und das Böse, die Tugend und das Laster, die Wahrheit und den Irrthum, wie als gleichberechtigt neben einander stellt, um darüber zu grübeln, welches zu wählen sei: schon in dem Beginn eines solchen Nebeneinanderstellens, liegt die Absicht und die Neigung, Trugschlüsse zu suchen und geltend zu machen, die das Rechte verdammen; wenn von alle diesem Verderben der Same schon in die Jugend ausgestreut wird u. s. w.

Das Ziel der wahren Bildung ist die Herrlichkeit und die Glückseligkeit des geistigen Lebens: das endliche Ziel der Verbildung ist Wahnsinn und Vernichtung.

§. 27.

Aber die Schuld dieser Verbildung trägt keinesweges die Anregung der Entwicklung der menschlichen Geisteskräfte und der sie anspornende Überfluſs. Diese Anregung ist etwas Gutes und Heilsames, weil sie, richtig geleitet, eben sowohl die wahre *Bildung* fördert: die Schuld tragen Mängel der gesellschaftlichen Ordnung, z. B. das Versäumen der Förderung der Sittlichkeit, das Gestatten des Aussäens von Irrthum u. s. w. Die Verbildung ist nicht die Schuld des groſsen Besitzes und des Überflusses allein und insbesondere. Die Nachtheile dieser sind vielmehr andere.

Sie ergeben sich besonders dann fortwirkend und dauernd, wenn der Reichthum die möglichst allgemeine Verbreitung eines mäſsigen Wohlstandes erschwert und hemmt; was, wie oben auseinandergesetzt, vorzüglich dann geschieht, wenn er sich auf den Besitz groſser Theile des Landes gründet und so der groſsen Masse des Volks die Möglichkeit des Erwerbs eines kleinen Eigenthums abschneidet, folglich Die, welche Eigenthümer sein oder werden könnten, in der Dienstbarkeit und also in der Armuth zurückhält. So hemmt allerdings der Reichthum die Wohlfahrt eines groſsen Theils der Gesammtheit. Aber dieser Nachtheil läſst sich heben, ohne Jemand und ohne dem Reichen selbst zu schaden.

Der andere Nachtheil des Überflusses, daſs er, wie die Erfahrung lehrt, die Sittlichkeit unmittelbar verdirbt, ist nicht nothwendig mit ihm verbunden. Wird nur die immer weitere Entwicklung der Geisteskräfte der Gesellschaft von ihren Führern richtig geleitet, so können die Fälle, wo der Reichthum der Sittlichkeit schadet, nur noch Ausnahmen sein, nicht etwa die Regel.

Beide Nachtheile des einzelnen Überflusses sind also nicht von ihm unzertrennlich. Wird derselbe nur mehr vom Grund und Boden auf grofse gemeinnützige Unternehmungen hingeleitet, um aus diesen seine Renten zu ziehen, für welche er dann auch viel mehr geeignet ist, als der zerstreute kleine Besitz, so hört sein Nachtheil nicht allein auf, sondern seine Wirkung verwandelt sich sogar in einen neuen grofsen Nutzen für die Gesammtheit, welcher zu dem andern, oben gedachten Nutzen der Anregung der weitern Entwicklung der menschlichen Geisteskräfte, der seinerseits dem Reichthum wesentlich eigen ist, hinzutritt.

Nachtheile, die sich nicht heben liefsen, hat demnach der vereinzelte grofse Besitz in der richtigen Staats-Ordnung nicht, sondern vielmehr wesentliche, die Nachtheile bei weitem überwiegende Vortheile. Deshalb wäre es denn auch sehr unrichtig, zu wünschen, vereinzelte Reichthümer möchten gar nicht vorhanden sein. Möchte doch nur vielmehr mäfsiger Überflufs in gar vielen einzelnen Händen sein! Eine Förderung der Anhäufung, oder auch nur Anordnungen zur Erhaltung einzelner Reichthümer, sind übrigens nicht nöthig, denn bekanntlich entsteht viel leichter Reichthum aus Wohlstand, als Wohlstand aus Armuth.

Der wahre grofse und dauernde Volksreichthum wird übrigens immer insbesondere nur aus möglichst allgemein verbreitetem Wohlstande hervorgehen; welcher weiter auf möglichst allgemein verbreitetem Eigenthum beruht. Nur er kann sicher und dauernd sich mehren, denn er wird durch die Ruhe und den Frieden beschützt, die er sich selbst als Bedingung seiner Möglichkeit erzeugt, und er wird sich mehren, weil hier Jeder, da er nur für sich und die Seinigen arbeitet, alle seine Kräfte aufbietet, und weil hier weniger Kräfte durch das Streben nach Veränderung versplittert werden, oder gar einander entgegentreten.

Sodann ist auch die möglichst allgemeine Verbreitung des Wohlstandes zugleich das einzige, richtige, sichere und dauernde Mittel gegen die Armuth. Es wirkt mehr als die reichsten Almosen der Reichen, oder was sonst irgend zur Abhülfe der Armuth ersonnen werden mag. Mögen auch bei weitem nicht alle Armen zum Wohlstande gebracht werden können, so wird doch ihre Zahl vermindert werden, und zur Unterstützung der Übrigbleibenden mehren sich die Mittel.

§. 28.

Weiter nun wird immer vorzugsweise aus dem wahren Volksreichthum, nemlich aus dem möglichst allgemein verbreiteten mäfsigen Wohlstande die Zunahme der Sittlichkeit hervorgehen. In der Armuth gedeiht sie nicht, wegen der in derselben unausbleiblichen Unzufriedenheit der Gemüther. Der Reichthum mag auf die Förderung der Sittlichkeit nur insbesondere mittelbar wirken, durch die oben gedachte Anregung der Entwicklung der menschlichen Geisteskräfte. Aber in dem mäfsigen Wohlstande: da ist der wahren Sittlichkeit feste Heimath, der Boden, in welchem sie wurzelt und gedeiht. Nur wer im Schweifse seines Angesichts sein Brod, und zwar sein auskömmliches Brod ifst, fällt nicht in Versuchung. Nur er hat die stärksten Antriebe, immer nur Das zu thun, was ihm und den Seinigen nützt und der Gesellschaft wenigstens nicht schadet; denn diese ist sein Schutz. Ihn treibt weder die Noth noch der Überflufs auf Abwege.

§. 29.

Endlich aber kann nur aus der Sittlichkeit der Rechtszustand, das heifst die wahre Freiheit hervorgehen, und nur durch sie und nur mit ihr bestehen. Denn der oberste Grundsatz der Sittlichkeit ist die nicht oft genug zu wiederholende Regel: „Was Du von Andern verlangst und erwartest, thue und gewähre auch Ihnen"; und nur nach eben dieser Regel ist die Freiheit möglich; nur nach ihr vermag sie sich zu bewegen. Jeder mag ungehindert thun, was ihm frommt, aber ohne dem Andern zu schaden, weil er nicht will, dafs ihm vom Andern geschadet werde.

So ist zuletzt die möglichste Verbreitung des Eigenthums, zu welcher, um es zu wiederholen, besonders wirksam die Theilung des Grund- und Bodens führt, und zwar eine Vertheilung, nicht bis ins Maafslose, sondern nur bis zu Theilen, die noch eine Familie auskömmlich nähren, auch der gerade und rechte Weg zur wahren Freiheit. Wo dem Armen die Mittel und die Gelegenheit fehlen, sich emporzuarbeiten, wird sie nie erzielt werden; es wird dem Armen immer die Bedingung wahrer Freiheit, Andere nicht zu schädigen, nur zu sehr und, weil er selbst sich geschädigt fühlt, fast nur zu natürlich eine drückende Fessel sein. In diesem Zustande aber ist die Freiheit schon nicht mehr vorhanden; und wird zuletzt die Fessel gesprengt, so ist die Auflösung der Gesellschaft die Folge.

§. 30.

Das Streben nach Wohlsein, die Förderung des eigenen Nutzens, ist von allen der mächtigste Hebel, welcher die menschliche Natur in Bewegung setzt. Die Meinung, es sei möglich, dafs Jeder eben so gern und froh für Andere, als für sich und die Seinigen arbeite, ist Täuschung. Es kann Fälle solcher Sinnes-Art geben, aber sie sind Ausnahmen, nicht die Regel. Die grofse Aufgabe der Staatskunst aber ist, jenen Hebel so anzusetzen und zu lenken, dafs er nicht zerstörend wirke, sondern möglichst zum gegenseitigen Nutzen Aller. Die Aufgabe wird zunächst gelöset durch den Austausch der Erzeugnisse der Arbeit und durch die Theilung der Arbeit; worauf die Vergesellschaft selbst beruht. Aber gleichsam die Unterlage oder der feste Punct, auf welchen allein der Hebel sich stützen kann, ist das Eigenthum. Dasselbe ist dem Menschen naturgemäfs lieb; es ist das Ziel und der Lohn seiner Arbeit; auch ist sein ausschliefslicher

Besitz vollkommen rechtmäfsig: denn so wie Hand, Arm und Kopf unbestreitbares Eigenthum des Menschen sind, über welches nur er zu gebieten hat, so mag er auch mit Recht Dasjenige, was er mit seiner Hand, seinem Arm und seinem Kopf erarbeitete, sein Eigenthum nennen, über welches kein Anderer verfügen darf.

Deshalb wäre denn auch eine etwa gleiche Vertheilung des Eigenthums oder des Erarbeiteten, die eine der kranken Träume der neuern Zeit ist, deren, so widerstrebend es auch sein mag, hier wenigstens gedacht werden mufs, völlig *ungerecht,* weil nicht Jeder gleich viel erwerben half. Es würde gar wenig erarbeitet werden, weil die grofse Mehrzahl nicht aus Lust, sondern nur aus Nothwendigkeit arbeiten und der Träge noch um so weniger thun würde, weil er weifs, dafs sein Antheil am Erworbenen eben so grofs ist, als der des Fleifsigen. Eine Gesellschaft mit gleich vertheiltem Eigenthum würde sich also gar sehr kümmerlich und die Mehrzahl in völliger Knechtschaft befinden. Glücklicherweise ist eine solche Gesellschaft gar nicht möglich, weil die Gleichheit jeden Augenblick wieder aufhören, die zur Herstellung derselben nöthige fortwährende Gewaltsamkeit aber die Gesellschaft schnell auflösen würde.

Eine Gesellschaft ganz ohne Eigenthum der Einzelnen, in welcher Jeder für Alle arbeiten und von ihr seinen Theil zurückerhalten sollte, würde gar ein völliges Unding und nichts anders als ein wüster, wilder Traum sein; wenn sie überhaupt wieder, auch nur auf kurze Zeit, möglich wäre. Sie wäre grade die traurigste und schmählichste von allen. Nicht in der Freiheit, sondern in der härtesten Knechtschaft würde sie sich bewegen. Die Menschen würden zu blofsen Werkzeugen, also zu weniger als Thieren herabgewürdigt sich befinden. Die Verwalter des Gemeinwesens, ohne die es denn doch nicht abgehen könnte, würden bald die eigennützigsten und unbarmherzigsten Zwingherren sein und die Einzelnen Geringeres als ihre Knechte. In der Verzweiflung würde dann erst das Recht der Stärkern und Schlauern sich geltend machen und, nachdem die weniger Schlauen und die Schwächeren auf die Seite geschafft sind, würden die noch Schlaueren und Stärkeren wieder eben so mit den noch Übrigen verfahren, und so weiter, bis endlich der Letzte, gleich dem Tode, nur noch auf einem Gebeinhaufen thronen würde; wo er sich dann doch aber auch grade nicht am vergnüglichsten befinden dürfte. —

Also auf dem Eigenthum, und nur auf dem Eigenthum, durch alle Mittel vergröſserbar, die Andern keinen Schaden zufügen, auf seiner möglichsten Verbreitung und, dazu gehörig, auf einer angemessenen Theilung des Grund- und Bodens, beruht das Wohlsein der ganzen Gesellschaft, mithin auch die Verbesserung des Zustandes der Arbeiter insbesondere.

§. 31.

Es fragt sich nun, wie zu dem Obigen zu gelangen sei, ohne Verletzung derjenigen Rechte, die grade dem Eigenthum zukommen; und selbst ohne Zwang; dessen Ausschlieſsung wir oben an die Spitze der Bedingungen für die Ausführung der Verbesserungen des gesellschaftlichen Zustandes zu stellen hatten.

Um dies zu ermitteln, ist erst eine nähere Betrachtung der Eigenthumsrechte nothwendig.

Das oberste Eigenthumsrecht ist offenbar, daſs im Allgemeinen Niemanden sein Eigenthum ohne zureichenden Grund genommen werden darf: weder von den Mitbürgern, noch vom Staate; denn darin besteht das innerste Wesen des Eigenthums selbst. Das Eigenthumsrecht ist *unverletzlich*.

Aber jedes Recht hat auch seine Pflichten: theils Unterlassungspflichten, theils, gegen Andere und gegen die Gesammtheit, Verhaltens- und Thätigkeits-Pflichten, ohne deren Erfüllung das Bestehen des Rechts selbst nicht möglich wäre.

So z. B. ist auch das Recht der Freiheit unverletzlich. Aber die Freiheit kann sich in der Gesellschaft nicht bewegen, ohne dafs Jeder zunächst die Unterlassungs- und Verhaltenspflicht erfüllt, Niemand zu schaden; denn sonst dürfte der Andere auch ihm schaden. Ferner ist es ihm eine Thätigkeitspflicht, zunächst bestimmten Andern und dann der Gesammtheit zu nützen, wenn er es auch nicht wollte und es ihm auch nicht unmittelbar, also scheinbar nicht nützte, sogar schadete. So hat er die Pflicht, für seine Familie zu sorgen und der Gesellschaft zu ihrer Vertheidigung gegen innere und äufsere Feinde mit Gut und Blut beizustehen u. s. w. Denn ohne die Erfüllung auch dieser Thätigkeitspflichten könnte die Gesellschaft nicht bestehen, und also auch nicht der Einzelne, mit seiner Freiheit.

Ähnlich ist es mit dem Eigenthum. Das Unverletzlichkeitsrecht desselben enthält unmittelbar die Unterlassungspflicht, das Eigenthum des Andern nicht an sich zu ziehen; denn sonst dürfte auch der Andere das Eigenthum des Ersteren verletzen, und die Unverletzlichkeit des Eigenthums dieses Ersteren bestände nicht mehr; und umgekehrt. Sodann hat das Eigenthum diejenigen Verhaltens- und Thätigkeitspflichten, deren Erfüllung zur Erhaltung der Gesellschaft und zur Förderung der Wohlfahrt derselben nothwendig ist. Kann die Gesellschaft nicht bestehen, so kann es auch der Einzelne nicht, mit seinem Eigenthum, und die Wohlfahrt der Gesellschaft ist auch die des Einzelnen. Die Verhaltens- und Thätigkeitspflichten, welche an dem Eigenthum haften, sind aber insbesondere folgende.

Erstlich darf Niemand mit seinem Eigenthum Andern schaden. Hierauf gründen sich, und mit vollem Recht, alle auf das Eigenthum bezüglichen Ordnungs- (Polizei-) Gesetze; denn ohne die Erfüllung jener Pflicht würde, wegen der Gegenseitigkeit der Schädigungen, die Gesellschaft nicht bestehen können.

Zweitens mufs Jeder aus seinem Eigenthum den verhältnifsmäfsigen Theil derjenigen Steuern zahlen, die zur Leitung der Gesellschaft, zu ihrer Vertheidigung gegen innere und äufsere Feinde, zur Erhaltung und zur Vermehrung der Wohlfahrt der Gesellschaft u. s. w. nothwendig sind. (Nach welchem Maafsstabe: davon weiter unten.)

Drittens ist Jeder verpflichtet, einen Theil seines Eigenthums, und sogar sein ganzes Eigenthum, dem Staate in Tausch zu überlassen; in Fällen, wo es zum entschiedenen Nutzen der Gesammtheit nothwendig ist.

Alles dieses ist keineswegs eine Beschränkung des Eigenthumsrechts, kein Eingriff in das Eigenthum selbst. Durch die Nichtschädigung Anderer wird Niemanden etwas genommen; für die Steuern erhält Jeder durch den Schutz, der ihm dafür zu Theil wird und durch seinen Antheil an der Erhaltung und Förderung der Wohlfahrt der Gesammtheit, vollständigen Ersatz. Eben so bei der Abtretung eines Theils, oder seines ganzen Eigenthums, zu gemeinnützigen Zwecken. Die Enthaltung von der Schädigung Anderer und der nothwendige Tausch bei den Steuern und nöthiger Abtretung von Eigenthum sind nicht Opfer und Verluste, durch welche das Eigenthumsrecht verletzt und verkümmert würde, sondern nur Pflichten, ohne Verlust, die dem Eigenthumsrecht auf ähnliche Weise zur Seite stehen und das Recht selbst erst begründen und möglich machen, wie die Pflichten, durch welche das Recht der Freiheit erst zur Wirklichkeit gelangt. Das Eigenthumsrecht ist und bleibt unverletzlich: unter der Bedingung der Erfüllung der Eigenthumspflichten.

Aus diesen Pflichten des Eigenthums werden nun die Mittel, eine angemessene Theilung des Grund- und Bodens zu fördern, hergenommen werden müssen.

§. 32.

Ein erstes auf den Eigenthumspflichten begründetes Mittel würde, nicht etwa die gewaltsame Theilung des Grund-

und Bodens, selbst gegen volle Entschädigung sein (denn die augenblickliche Nothwendigkeit davon findet nicht Statt), sondern die Aufhebung aller der etwa noch bestehenden Gesetze, welche die Anhäufung des Grundbesitzes in eine Hand fördern, beschützen und ihre Dauer sichern. Da diese Anhäufung, wie weiter oben nachgewiesen, dem Gemeinwesen dadurch schadet, dafs sie einestheils den Gewinn, welchen der Staat, das heifst die Gesammtheit der Einzelnen, vom Grund und Boden haben könnte, vermindert, wenigstens die Vergröfserung derselben hemmt, anderntheils dafs sie der Masse des Volks die Gelegenheiten verkürzt und erschwert, ein bescheidenes Eigenthum zu erwerben: so ist der Staat vollkommen berechtigt, diese Gesetze aufzuheben. Einiges von Dem, was der Zusammenhäufung von Grundbesitz günstig ist, schadet sogar Einzelnen unmittelbar; z. B. die Majorate, welche den Geschwistern des Erstgebornen ihr natürliches Recht nehmen, ohne dafs sie im geringsten es verschuldet hätten, und sie unmittelbar und schwer schädigen. Ähnlicherweise schaden die Fideicommisse; und wo für Schulden nicht einzelne Theile eines grofsen Grundbesitzes, sondern nur die ganze Masse in Anspruch genommen werden darf, entsteht leicht Schaden für die Gläubiger. Die Aufhebung aller, der Zusammenhäufung des Grundbesitzes günstigen Gesetze ist sogar noch um so weniger unbillig und ungerecht, da jetzt die Vortheile für die Begünstigten selbst, doch am Ende nur mehr in der Einbildung liegen und ihnen also eigentlich durch die Aufhebung noch kein wirklicher Nachtheil zugefügt wird. Die Aufhebung jener Gesetze würde aber nach dem natürlichen Laufe der Dinge schon sehr die allmälige Theilung grofser Landflächen befördern. Sie würden unter die Erben, wo deren mehrere vorhanden sind, sich theilen; und wenn Gläubiger für ihre Forderung einzelne Theile eines grofsen Grundbesitzes in Anspruch nehmen könnten, würde dies gewifs oft geschehen, da nur wenige grofse Besitzungen nicht verschuldet sind.

§. 33.

Ein zweites Mittel *scheint* beim ersten Anblick eine verhältnifsmäfsig höhere Besteurung der grofsen Besitzungen zu sein. Zur Besteurung hat der Staat, wie oben bemerkt, ein unbedingtes Recht; und zum höhern Ansatz der Steuer auf grofse Besitzungen würde er in doppelter Rücksicht berechtigt sein: erstlich weil er dadurch nur einen Ersatz für die Schädigung des Gemeinwesens in Anspruch nimmt, die daraus entsteht, dafs der Grund und Boden für die Gesammtheit der Staatsgenossen in Masse nicht so vortheilhaft benutzt werden kann, als in einzelnen Theilen; und zweitens, weil er durch den Antrieb zur Vertheilung des Besitzes in der Regel den Besitzer selbst nicht einmal schädigen, sondern ihn nur zu seinem eigenen Nutzen bewegen würde, indem wirklich gewöhnlich, wie es die Erfahrung lehrt, ein Grund-Eigenthümer durch die Vertheilung (Parzellirung) seines Besitzes mehr Gewinn davon erlangt, als durch die Benutzung im Ganzen; auch würde die höhere Steuer keine unabwendliche Auflage sein, da der davon Betroffene nur sein Eigenthum theilen dürfte, um ihr zu entgehen. Die Grundsteuer trifft ihrer Natur nach nicht die Person des Besitzers; sie ist eine Steuer, welche am Ende die Käufer der Erzeugnisse des Grund- und Bodens tragen; sie ist den Zöllen auf Waaren ähnlich, welche nicht von den Waarenhändlern getragen wird, sondern von seinen Kunden. Die Erhöhung der Steuer auf den grofsen Besitz würde etwa darin bestehen, dafs man das Maafs derselben eben so hoch ansetzte, als für die vertheilte Fläche; die Steuer würde dadurch von selbst höher werden, da der Ertrag der vertheilten Fläche in der Regel gröfser ist, als der des ungetheilten Besitzes. Durch die erhöhete Steuer aber würde der Besitzer aus doppeltem Grunde zur Vertheilung angetrieben werden: einmal, weil der ungetheilte Besitz weniger abwirft, als der getheilte, und dann, weil er nicht niedriger, sondern höher besteuert ist, so dafs die Boden-Erzeugnisse des grofsen Besitzes mit denen des getheilten nicht Preis halten könnten.

Aber gleichwohl würde dieses Mittel, so vollberechtigt auch der Staat in Rücksicht auf die Gesammtheit dazu sein mag, weder ausführbar, noch in Rücksicht auf die Einzelnen, die davon getroffen werden, gerecht sein; besonders deshalb, weil jetzt die Grundsteuer keinesweges gleich vertheilt ist, und einzelne Besitzungen, besonders gröfsere, sogar von der Grundsteuer frei sind. Wird nemlich die Steuer auf ein Grundstück, welches bis jetzt zu gering, oder gar nicht besteuert war, erhöht, so verliert dasselbe verhältnifsmäfsig an Werth, und wenn die Besitzung sehr verschuldet ist, kann es kommen, dafs der Besitzer durch diese Wirkung der höhern, oder der neuen Steuer, gänzlich verarmt. Er würde also von einer Erhöhung der Grundsteuer, ja sogar schon blofs von einer gleich vertheilten Steuer, ohne alle eigene Schuld, jedenfalls zu hart, und ungerecht getroffen werden. Denn wer einmal ein Grundstück zu einem hohen Preise erworben hat, und nun von dem Kaufwerth nur wenig sein eigen nennt, darf gerechterweise nicht mit einer Härte, die bis zu dem Verlust All' des Seinigen gehen kann, gebüfst werden, dafür, dafs er, im Vertrauen auf den Bestand der Dinge, die Geringheit der Steuer, oder die Steuerfreiheit, beim Kaufe mitbezahlte. Die nothwendige Erhöhung einer persönlichen Steuer kann und wird, wenn sie gerecht, das heifst verhältnifsmäfsig vertheilt ist, niemals Jemand bis zur Verarmung bringen; und einer solchen Steuer-Erhöhung, sobald ihre Nothwendigkeit erwiesen ist, mufs sich Jeder unterwerfen: aber eine neue Besteurung Einzelner, die unter Umständen dem Besteuerten All' das Seinige nehmen könnte, wäre nicht verhältnifsmäfsig, und also nicht gerecht. Das obige zweite Mittel ist daher nur scheinbar richtig, in der Ansführung aber wäre es nicht gerecht.

§. 34.

Indessen würde sich dennoch sehr wohl auch durch eine Veränderung der Grundsteuer auf den so wichtigen Zweck, die Theilung des Grundbesitzes zu fördern, wirken lassen; und zwar nicht unmittelbar, sondern mittelbar: auf die Weise nemlich, daſs man die Grundsteuer überall und gänzlich aufhöbe. Geschähe dies, so würden die bisher grundsteuerfreien Besitzungen, wenigstens zunächst, ganz in ihren bisherigen Verhältnissen bleiben: denn sollten auch die Preise der Erzeugnisse durch den Erlaſs der Steuer auf den übrigen Grund und Boden um etwas sinken (was nach der Erfahrung in ähnlichen Fällen nicht einmal zu erwarten und dauernd auch wirklich nicht der Fall sein dürfte, da die erlassene Steuer nothwendig durch eine andere wieder ersetzt werden muſs), so würde in Folge dieser etwaigen Verminderung der Preise doch auch wieder der Verbrauch zunehmen. Dagegen die bisher besteuerten Grundstücke würden offenbar gewinnen, und ihr Kaufwerth würde also steigen. Hierin und in dem zweiten Umstande, daſs die getheilte Fläche im Allgemeinen höher benutzbar ist, als die ungetheilte, würde dann der Antrieb zur Theilung der gröſseren Besitzungen liegen. Die Maaſsregel würde, statt daſs die Erhöhung, oder auch nur die gleiche Vertheilung der Grundsteuer, nothwendig bei Vielen groſse und gerechte Unzufriedenheit erregen müſste, während sie die groſse Masse der Übrigen noch gar nicht unmittelbar sehr erleichterte, den Letzteren, die grade der Erleichterung bedürfen, in hohem Grade wohlthätig sein und also den Beifall und die Zufriedenheit der groſsen Mehrzahl gewinnen: die bisher gar nicht oder zu gering Besteuerten dagegen würden keine gegründete Ursach zur Klage haben, weil ihnen nichts genommen wird und sie Zeit gewinnen, ihrer ihnen gegen die kleinen Besitzungen allerdings in der Folge möglicherweise bevorstehenden ungünstigeren Stellung durch die Theilung ihres Besitzes vorzubeugen, keinesweges aber nun die Gefahr ihnen drohte, einer Steuer wegen, die sie bis jetzt nicht bezahlten, ihren Besitz verkaufen zu müssen und dabei in gänzliche Armuth zu gerathen.

Die Aufhebung der Grundsteuer würde übrigens auch noch den sehr wesentlichen Nutzen haben, dafs die höchst bedeutenden Kosten und die langwierigen Arbeiten erspart würden, die zur Ermittlung einer gleichen und gerechten Vertheilung der Grundsteuer nöthig sind; ja dafs man dem noch viel gröfseren Übel entginge, mit dem besten Willen dennoch nicht zu der wirklich richtigen Vertheilung der Grundsteuer zu gelangen, indem bekanntlich die wirklich richtige Vertheilung dieser Steuer durch alle sogenannten Catasterberechnungen zu finden fast unmöglich ist; besonders auch wegen der grofsen Veränderlichkeit der Benutzung des Grundbesitzes.

Ein wirkliches und gerechtes zweites Mittel, die Theilung des zusammengehäuften Grundbesitzes zu befördern, besteht also in der gänzlichen Aufhebung der Grundsteuer. Von der Frage, wie dieselbe durch eine andere, angemessenere Steuer zu ersetzen sei, weiter unten.

§. 35.

Ein drittes Mittel hat der Staat selbst in der Hand, und es könnte dasselbe unmittelbar angewendet und wirksam gemacht werden. Der Staat darf nemlich nur von seinen Landgütern (Domainen) einige allmälig in Theile von etwa 30 Morgen, und da, wo Fabriken nach den obigen Andeutungen entstehen, in noch kleinere Theile vertheilen und dieselben den Arbeitern, nicht etwa schenken, sondern verkaufen; und zwar, wenn die Käufer nicht sogleich zahlen können, mit Aufschub der Zahlung und auf allmälige Abtragung derselben. Er wird sogar den ganz Mittellosen auch noch die Kosten der Ansiedlung vorschiefsen müssen, die sich für einen Besitz von 30 Morgen, für Vieh, Ackergeräth, Saat und Unterhalt bis zur ersten Erndte, auf etwa 400 Thlr. und für Gebäude auf etwa 600 Thlr. belaufen würden; wozu noch der Werth des Grund- und Bodens selbst kommt, nach den Umständen von

500 bis 1000 Thlr., so dafs der Erwerbende 1500 bis 2000 Thlr. zu 4 vom Hundert zu verzinsen und dazu noch 1 vom Hundert zur Tilgung, also zusammen 75 bis 100 Thlr. jährlich zu zahlen haben würde. Aber der Staat kann dies auch (nöthigenfalls durch eine Anleihe) recht gut; denn der Grund und Boden, nebst Dem was daran gewendet wurde, bleibt ihm und den Darleihern als Pfand, und der zum höhern Ertrage benutzte Besitz von 30 Morgen ist mehr werth, als das Darlehn. Die Erwerbenden dagegen können, wenn ihnen für den Anfang allenfalls auch noch die Zinsen gestundet und dieselben nur erst allmälig erhöht werden (das Gestundete nachzahlend) ebenfalls bestehen, während sie, oder ihre Erben, nach den 40 oder 50 Jahren der Tilgung des Vorschusses, zum schuldenfreien und unabhängigen Besitz gelangen. Seinerseits würde dabei der Staat aus seinen Landgütern einen weit höhern Ertrag erzielen, als jetzt aus der Benutzung in Masse durch Zeitpachter.

Auch noch von gar manchen, jetzt sehr wenig Ertrag gebenden, dem Staate gehörenden Wäldern könnte der Grund und Boden auf gleiche Weise benutzt werden, und viele Tausende von Arbeiterfamilien könnten auf demselben ihr Brod finden. Es giebt im Preufsischen Staate, besonders in den östlichen und mittleren Theilen desselben, noch bei weitem mehr Wälder, als zum Holz-Bedarf nöthig sind; in manchen Gegenden nehmen sie noch den fünften, vierten, ja selbst den dritten Theil und darüber, der gesammten Bodenfläche ein, mitunter sehr fruchtbaren Boden; und es ist wohl an sich klar, dafs nicht ein so grofser Theil der Fläche nöthig ist, blofs um Holz zu erzielen. Zu den Gebäuden ist nur wenig Holz nöthig; die Landgebäude können ganz aus gebrannten Ziegeln erbaut werden, fast ohne alles Holz, und zwar viel besser, als aus Holz, weil sie dann feuersicher sind; zur Heizung und zur Bereitung der Speisen u. s. w. aber ist, wenn man allmälig die bisher dabei übliche ungeheure Verschwendung von Brennstoff abschafft, ebenfalls nur wenig Holz nöthig. Aufserdem kommen Stein- und Braunkohlen und Torf zu Hülfe, deren Herbeiführung durch gute Strafsen erleichtert wird. Der offenbarste und sicherste Erfahrungs-Beweis davon, dafs man mit weniger Wäldern auskommen könnte, ist, dafs in andern Gegenden, und zwar grade in den stärker bevölkerten, wirklich die Wälder nur einen geringeren Theil der Bodenfläche einnehmen und dem Bedürfnisse dennoch genügen.

§. 36.

Ein viertes Mittel, die Theilung des Grund- und Bodens zu fördern, wäre, dafs der Staat selbst, den Besitzern grofser Flächen als Käufer ihres Besitzes sich anböte und dann diese Erwerbungen, gleich seinen eigenen Gütern, vertheilte. Dadurch würde zugleich aller vermeintliche Grund zu etwaigen Klagen und Beschwerden über das obige erste Mittel abgeschnitten werden. Der Kauf und der Wieder-Verkauf, in einzelnen Theilen, würde entweder durch eine blofse Übertragung der Pfand-Verschreibungen, oder, wo baare Zahlung verlangt wird, der Kauf wieder durch eine Anleihe geschehen, an deren Möglichkeit, besonders weil sie nur allmälig nöthig wäre, kein Zweifel ist, indem der Werth des Pfandes nur aus einer Hand in die andere geht und nicht vermindert, sondern erhöht wird.

Bei allen obigen Vertheilungen des Grund- und Bodens müfsten nur die Zwischenhändler jeder Art unbedingt zurückgewiesen werden.

So würde sich durch die Eröffnung und Erleichterung der Gelegenheiten, ein kleines Eigenthum von Grund und Boden zu erwerben, bei welchen allen offenbar nirgends Zwang und Gewalt zu Hülfe kommt, der Zustand vieler Tausende, ja Hunderttausende von Arbeiterfamilien gründlich und dauernd verbessern lassen, während dadurch zugleich eben so viele dürftige und deshalb unruhige und unzufriedene Menschen in ruhige und das Vaterland nun gern, im Innern, wie nach aufsen, mit Gut und Blut vertheidigende, durch ihren Fleifs behaglich lebende Bürger umgeschaffen werden und der Reichthum des Staats um gar viele Millionen erhöht werden würde.

Es ist im Preufsischen Staate noch keine Ursach zur Auswanderung vorhanden. Ein grofser Theil des Landes könnte noch recht gut die doppelte Zahl von Menschen auskömmlich nähren. Die angezeigten Mittel der Theilung des Grund- und Bodens würden so sehr wirksam sein, dafs man bald die zur Ansiedlung sich Meldenden würde zurückweisen müssen, damit es nicht an Hand-Arbeitern in den Städten und Handwerken und zu sonstigen Beschäftigungen fehle.

§. 37.

Es sind hier, und auch schon weiter oben, Anleihen zur Erzielung nützlicher Zwecke empfohlen worden. Über die Anleihen selbst dürften vielleicht einige Worte dienlich sein.

Dieselben sind offenbar an sich durchaus nicht bedenklich und verwerflich, so lange sie zu Dingen bestimmt sind und verwendet werden, die den Volksreichthum erhöhen, also ein hinreichendes Pfand dafür vorhanden ist und Das, was dafür erzielt wird, die gewöhnlichen Zinsen und noch einen kleinen Überschufs zur allmäligen Tilgung unmittelbar oder mittelbar abwirft. Sie sind dann vielmehr ein treffliches und sehr wirksames Mittel, die Zunahme der Wohlfahrt des Volks und seines Wohlstandes kräftig zu beschleunigen. Auch gewähren sie dann zugleich den Vermögenden, welche von ihrem Besitze ohne weitere Erwerbs-Arbeit leben können und wollen, die rechte und Niemand schadende, vielmehr ihren Mitbürgern nur nützende Gelegenheit, die Zinsen ihres Besitzes mit möglichster Sicherung gegen Verluste zu erlangen. So werden die Besitzenden, die Reichen, grade zu Denen, welche die nützlichen Dinge ausführen lassen, und so gewährt dann auch der gröfsere Besitz seinen rechten und grofsen Nutzen.

Ganz besonders wichtig und nöthig ist aber die *Tilgung* jeder Anleihe. Sie ist *so sehr wichtig*, dafs, in Fällen wo der Ertrag der Verwendung der Anleihe nicht die Mittel zur Tilgung gewähren sollte, der Staat immer noch wohlthun würde, wenn er die Tilgung sogar aus den allgemeinen Steuern übernähme: denn sobald eine Anleihe getilgt worden, ist das durch dieselbe Erzielte reiner Gewinn und eine reine Vergröſserung des Volksvermögens, von einem Werthe, welcher der Summe der Anleihe gleich ist. Von einer Anleihe dagegen, die nicht getilgt wird, sind die Zinsen eine verewigte Belastung der Erwerbenden; wenigstens eine verewigte Verminderung des Ertrages Dessen, was durch die Anleihe Nützliches erzielt wurde. Nur dann sind Anleihen nachtheilig, wenn sie zu Dingen bestimmt sind und verwendet werden, die Nichts, oder nicht die Zinsen und die Tilgungsmittel abwerfen; und besonders, wenn sie nicht getilgt werden.

Am besten und vortheilhaftesten für das Wohl des Staats wird übrigens immer jede Anleihe auf Scheine auch von geringem Nennwerthe, etwa bis zu 10 Thalern hinunter, gemacht werden, damit mehr Jeder daran Theil nehmen könne. Auch wird es besser sein, lieber etwas höhere Zinsen zu zahlen, als die Anleihe, etwa wegen der geringeren Zinsen, im Ganzen, oder in gröſseren Theilen, mit einem Nachlaſs an dem Nennwerth zu verkaufen.

§. 38.

Es mag hier noch eine allgemeine, gleichsam für das Vorhergehende übersichtliche Bemerkung beigefügt werden.

Die Arbeit ist es, welche alle nützlichen, das heiſst alle zur Erhaltung und zur Verannehmlichung des Lebens dienenden Dinge aus den Stoffen, welche die Natur dazu liefert, durch Benutzung und Lenkung der Naturkräfte erzeugt. Fast Nichts erlangt der Mensch zu seinem Nutzen ganz ohne Arbeit. Die nützlichen Dinge sind theils zum Verbrauch, theils zum Gebrauch bestimmt; letztere entweder zum unmittelbaren, oder zum mittelbaren Gebrauch, nemlich um dadurch erst wieder Anderes, zum unmittelbaren Gebrauch oder

Verbrauch Dienende hervorzubringen. Die zum Verbrauch bestimmten nützlichen Dinge sind insbesondere Nahrung, die nothwendigste Bekleidung u. s. w. Zum Gebrauch dient alles übrige Nützliche: angebautes Land, Wohnungen, Werkzeuge aller Art, Schiffe, Fuhrwerke, Fabrik- und andere Gebäude, Land- und Wasserstrafsen, Häfen, Werke der Kunst, Lehre und Unterricht, weitere Entwicklung der Wissenschaft und Kunst, die Anordnungen zur Lenkung der Bestrebungen der Gesellschaft, zur Förderung ihres Wohls u. s. w. Auch das Metallgeld, so wie das für den Umlauf dasselbe vertretende Papiergeld gehört hiezu, als allgemeines Tauschmittel. Einige von den zum Gebrauch bestimmten Dingen, besonders den stofflichen (materiellen), werden nur langsam verbraucht, wie z. B. Werkzeuge, Wohnungen u. s. w.; andere werden durch fortwährende Ausbesserungen und Ergänzungen für immer erhalten, wie z. B. Strafsen, Häfen u. s. w. Alle nützlichen Dinge aber werden mit Hülfe der Naturkräfte nur durch Anwendung von Arbeit auf die Stoffe, welche die Natur liefert, erlangt.

Damit nun ein Volk zunächst bestehen könne, dürfen ihm die zum Verbrauch dienenden unentbehrlichen Dinge, vor allem Nahrung in zureichendem Maafse, nicht fehlen; aber es wird sich um so behaglicher befinden, je reichlicher es diese Dinge besitzt; selbst bis zum Überflufs, um gegen das Überflüssige von andern Völkern andere zum Gebrauch ihm angenehme Dinge einzutauschen. Dann aber darf ferner ein Volk um so reicher sich nennen, je mehr es der zum Gebrauch dienenden Dinge durch Arbeit angehäuft hat; denn diese Dinge sind dauernde Besitzthümer (Capital), und der Reichthum an nützlichen dauernden Dingen vermehrt wieder die Behaglichkeit, entweder mittelbar, indem sie wieder dazu dienen, immer mehrere zum Gebrauch oder Verbrauch gereichenden Dinge zu erzeugen (wie z. B. Alles, was bestimmt ist, vervollkommnete Verbrauchsgegenstände hervorzubringen), oder sie einzutauschen: also besser angebautes Land, Fabriken, Strafsen u. s. w., oder unmittelbar, wie z. B. Werke der Wissenschaft und Kunst. Und zwar wird der Reichthum um so gröfser werden können, je geschickter die zur Gewinnung desselben dienenden Kräfte benutzt werden, also mit je weniger Kräften die Gewinnung möglich gemacht ist.

Da nun aber Alles, sowohl das zunächst Unentbehrliche, als der Überschufs über das Unentbehrliche, d. h. die Besitzthümer oder der Reichthum, nur durch Arbeit erlangt wird: so folgt, dafs die vorhandenen Arbeitskräfte gar nicht angelegentlich genug benutzt werden können; und zwar zu den wirklich und zunächst nützlichen Dingen vorzugsweise. Die Arbeitskräfte sind das Mittel, die Gaben der Natur, welche ohne Arbeit kaum den Wilden ernähren, in Volksreichthum umzuschaffen. Da, wo Arbeitskräfte feiern müssen, ist also auch die Ordnung der Gesellschaft nicht die richtige. Nur dann erst ist sie es, wenn nicht den Arbeitern die Arbeitgeber fehlen, sondern diesen jene zu mangeln anfangen; dann erst ist auch die Zunahme der Bevölkerung erfreulich.

Im Allgemeinen folgt also, dafs der Arbeitskräfte nicht zu viele sein können; jedoch hat dies seine Grenze, nemlich die, wo das Unentbehrliche, was der Grund und Boden zu erzeugen vermag, namentlich insbesondere die Nahrung, nicht mehr für die Bevölkerung hinzureichen anfängt; selbst nicht mehr mit Hülfe des Eintausches davon gegen Anderes, etwa Überflüssige. Dann ist der Zeitpunct der Auswanderung gekommen; der aber, wie oben bemerkt, noch fern liegt.

Desgleichen folgt, dafs im Allgemeinen der Staat sehr wohl thut, von den Arbeitern das Anerbieten aller ihrer Kräfte, um ihre Lebens-Erhaltung zu erzielen, gern anzunehmen und sie zu benutzen. Jedoch folgt daraus auch wieder durchaus nicht etwa, dafs die Gesellschaft verpflichtet wäre, die Arbeitskräfte auch mit Dingen zu beschäftigen, welche ihr verhältnifsmäfsig nicht nützen; z. B., wenn es einmal den

Fabrik-Arbeitern an Arbeit fehlt, mehr fabriciren zu lassen, als abgesetzt werden kann. Ein solches Begehren der Arbeiter wäre nichts anderes als das eines Geschenks; und auf ein solches haben sie kein Recht; eben so wenig, als die Andern es haben, von ihnen, den Arbeitern, ein Geschenk zu begehren. Nur der arbeitsunfähige Dürftige hat Anspruch auf die Unterstützung der Gesellschaft. Die Arbeitskräfte werden nur dann Nützliches erzeugen, wenn sie richtig vertheilt sind. Der Staat wird also, gar nicht minder für die Gesammtheit, als für die Hand-Arbeiter selbst, wohl thun, wenn er die letztern auf alle Weise in den Stand setzt, sich selbst richtig zu vertheilen und ihnen also jede passende Gelegenheit zur nützlichen Thätigkeit eröffnet und ihnen den Zugang dazu auf alle Weise erleichtert. Dieses Beides geschieht, wie oben nachgewiesen, zunächst durch Unternehmung von Werken, die den Ertrag des Grund- und Bodens erhöhen, den Handel und Verkehr befördern u. s. w., und dann insbesondere durch die Förderung der allmäligen mehreren Theilung des Grund- und Bodens; und zwar ohne Beeinträchtigung der Rechte Anderer. Nur dieses dient zum wahren Heil, auch der Arbeiter, eben wie der Gesammtheit. Anderes, was den Arbeitgebern und den Abnehmern der Erzeugnisse schadet, vermindert dieser ihre Besitzkräfte, folglich den Verbrauch, folglich die Arbeit selbst, und der Schade fällt auf die Arbeiter zurück; sie werden ärmer und elender, als vorher. Übrigens wird es schon hinreichen, wenn der Staat durch die Regierung nur erst den Anfang macht, nur erst den Antrieb giebt, für die Arbeitskräfte die Gelegenheiten zu vervielfältigen, um Nützliches zu erzeugen. Da dies zum Wohle Aller gereicht, so wird der eigene unmittelbare oder mittelbare Vortheil der Besitzenden, theils Einzelner, theils Verbündeter, bald selbst das Werk von Unternehmungen zum öffentlichen Nutzen, so wie die Vertheilung von Grund und Boden, wie es die Regierung anfing, fortsetzen.

III. Mittel, zu verhindern, dafs der Arme seine Bedürfnisse viel theurer bezahlen mufs, als der Begüterte.

§. 39.

Wer, wie der Arme und der Tagelöhner, aus der Hand in den Mund lebt und seine Bedürfnisse nicht im Ganzen zu rechter Zeit einkaufen kann, mufs sie, nicht etwa um nur ein Geringes, sondern sehr viel theurer bezahlen, Manches zuweilen doppelt so theuer; und das erschwert seine bedrängte Lage sehr. Wenn z. B. in oder bei Berlin der Wispel Kartoffeln für 8 oder 9 Thlr. zu haben ist, mufs die Metze in der Stadt gewifs noch mit 1 Sgr., wenn nicht mit 1¼ Sgr. bezahlt werden, was für den Wispel 12 Thlr. 24 Sgr. bis 16 Thlr. ausmacht. Ähnlich, wenn auch nicht vielleicht mit so starkem Unterschiede, verhält es sich mit den andern Nahrungsmitteln, Mehl, Brod, Fleisch u. s. w.; auch mit dem Brennstoff, und selbst mit den Spezerei- oder sogenannten Materialwaaren.

Die Ursach davon liegt in dem Zwischenhandel; aber der Arme hat im Allgemeinen Unrecht, wenn er den Zwischenhändlern zürnt und sie Wucherer nennt; sie können dies nicht leicht sein, oder werden, wenn sie es auch wollten, weil der eine des andern Preise leicht bis auf das Geringste Maafs hinabdrückt. Die Zwischenhändler wollen und müssen leben, und deshalb müssen sie ihren Gewinn nehmen; reich werden sie in der Regel nicht. Aus dem Wohnungs-Anzeiger von Berlin sieht man, dafs es in dieser Stadt etwa 1200 Victualienhändler giebt, ohne die etwa 600 Spezereihändler. Rechnet man Jedem der Ersteren nur 500 Thlr. reinen Gewinn, was wohl das Geringste ist, da ein solcher Händler 100 bis 200 Thlr. Miethe zahlen mufs, so macht dieses 600 000 Thlr., und diese Summe fällt fast lediglich auf die Ärmeren; denn die Begüterten kaufen von den Zwischenhändlern nicht viel, sondern wenigstens auf dem Markt; wenn nicht noch mehr im Ganzen. Nimmt man also an, dafs von den 80 000 Familien, zu 5 Personen, auf welche die Bevölkerung der Stadt zu rechnen ist, selbst 50 000 von den Händlern ihre Efswaaren kaufen, so macht das allein schon für die Familie durchschnittlich 12 Thlr. Dazu kommt, was der Arme für Brennstoff, Spezereiwaaren etc. zum Unterhalt der Zwischenhändler beitragen mufs, und so steigt durch den Zwischenhandel die Mehr-Ausgabe einer armen Familie für das ihr Unentbehrliche vielleicht auf 20 Thlr. jährlich; und da sie nun, nach Abzug der Kosten der Miethe und der Kleidung, vielleicht kaum 100 bis 120 Thlr. zu verzehren hat, so kosten ihr grade die unentbehrlichen Bedürfnisse an 20 vom Hundert mehr, als dem Begüterten.

§. 40.

Die Schuld davon liegt aber, wie schon oben bemerkt, im Allgemeinen nicht in dem Wucher der Händler: sie liegt darin, dafs deren gewöhnlich mehrere da sind, als nöthig. Der Zudrang zum Zwischenhandel entsteht offenbar daraus, dafs kaum irgend ein anderes Geschäft weniger Kenntnisse und weniger Arbeitsmühe erfordert, als der Kleinhandel. Freilich ist er mit Wagnifs verbunden, allein auch dem Tagelöhner ist das Wagnifs nicht fremd; wird er arbeitslos, so steht seine Erhaltung selbst auf dem Spiel.

Man mag sich vielleicht von der Menge der Zwischenhändler den zwiefachen Vortheil versprechen, dafs die vielen Verkaufstellen zur Bequemlichkeit der Käufer gereichen, und dafs das Bestreben der Verkäufer, einander die Kunden zu entziehen (die Concurrenz, wie man es nennt) sie bewege, ihre Verkaufspreise möglichst herabzusetzen, zum Vortheile der Käufer. Allein mit Beidem verhält es sich anders.

Die Bequemlichkeit beim Einkauf nemlich wird immer nur von den Behaglicheren benutzt werden und nur für diese einen wirklichen Werth haben; sie aber kaufen nicht von den Kleinhändlern. Der Arme geht gern ein Paar Hundert Schritte weiter, wenn er auch nur einige Pfennige ersparen kann; und er thut daran Recht, da er seine Zeit doch nicht höher ausbringen kann. Der Preiswetteifer (die Concurrenz) aber hat keinesweges immer alle ihre Vortheile, sondern, wie hier, so in vielen Fällen, nur bedingungsweise. Dies deutlich zu zeigen, wird folgendes, auf den obigen Fall passende Beispiel dienen.

§. 41.

Gesetzt, in irgend einer von Städten etwas entferntern, aus einigen Tausend Menschen bestehenden Gemeinde, welche bis dahin noch keinen Spezereihändler hatte, lasse ein solcher sich nieder: so wird derselbe, da er den Alleinhandel hat, seinen reinen Gewinn so hoch treiben können, als nur möglich; nemlich so hoch, als die Leute es nur immer noch vorziehen, von ihm zu kaufen, statt, mit Beschwerde und Zeitverlust, an entfernteren Orten. Er möge seinen reinen Gewinn auf diese Weise bis auf 2000 Thlr. jährlich bringen können; wodurch dann sein Wohlstand, insofern er sonst sparsam lebt, schnell steigen wird. Sobald dies verlautet, wird vielleicht ein zweiter Spezereihändler in der Gemeinde sich niederlassen, in der Meinung, zu einem ähnlichen Gewinn gelangen zu können. Allein da das Bedürfniſs und die Zahl der Käufer durch die neue Ansiedlung nicht zunimmt, so werden die beiden in den Absatz sich theilen müssen, und Jeder wird also höchstens nur noch 1000 Thlr. reinen Gewinn erzielen können. Anfangs wird der neue Ansiedler wohlfeiler verkaufen müssen, als der alte Händler, um demselben Kunden zu entziehen; er wird ihn dadurch zu ebenfalls geringeren Preisen zwingen, und so werden Anfangs die Käufer allerdings gewinnen. Allein nachdem beide Händler sich gegenseitig bis auf das Äufserste hinabgedrückt haben, werden sie gewifs allmälig und bald auch wieder aufschlagen, um beide wenigstens zu dem möglichen Gewinn zu gelangen, dessen Grenze für Jeden die Hälfte Dessen ist, was der Alleinhändler erzielte; die Käufer haben aber dann von dem Mitbewerb keinen Gewinn mehr. Ähnlich wird es sich verhalten, wenn vielleicht noch ein dritter und vierter Händler sich ansiedeln sollte; sie werden zwar immer zusammen nicht mehr erlangen können, als der Alleinhändler, aber doch auch eben so viel, und es werden folglich die Käufer im Allgemeinen keinen Vortheil haben.

Einen Vortheil gewährt die Mitbewerbung gegen den Alleinhandel hier in diesem Beispiele allerdings, nemlich den, dafs die Ärmeren dadurch mehr gegen Übervortheilung geschützt werden. Die Ärmeren kaufen nemlich ihre Bedürfnisse in so kleinen Theilen, dafs sie selbige nicht wohl anderswo holen können, sondern zu hohe Preise eines *Alleinhändlers* sich gefallen lassen müssen. Andere, die es könnten, werden vielleicht auch noch aus Bequemlichkeit an den Alleinhändler sich halten. Sind dagegen auch nur zwei Händler da, so wird, wenn der eine die Armen zu übertheuern anfängt, der andere durch geringere Preise sogleich wenigstens Diese an sich ziehen, und der erste mufs dann auch zu den geringeren Preisen sich bequemen. Diesen Vortheil hat die Mitbewerbung gegen den *Alleinhandel* allerdings: aber den andern Vortheil, überhaupt die Preise für Alle zu ermäfsigen, hat sie hier in diesem Beispiele nicht.

Dagegen in dem Beispiele weiter oben, von den 1200 Händlern mit Lebensmitteln in Berlin, ist es ganz anders. Hier haben die Käufer von dem Preiswetteifer nicht allein keinen Gewinn, sondern sogar noch bedeutenden Schaden. Hier nemlich ist es wohl gewifs, dafs die grofse Menge der Händler einander die Preise schon bis auf das Äufserste, nemlich bis auf dasjenige Maafs hinabgedrückt haben, dafs sie von ihrem reinen Gewinn so eben nur noch bestehen können. Dies würde aber auch noch fast eben so bleiben, wenn statt 1200 Händler nur halb und selbst nur eindrittel so viele da wären. Blofs um so viel würden diese gemeinschaftlich ihre Preise und folglich ihren reinen Gewinn steigern können, als die verminderte Bequemlichkeit werth ist; was, da nur die Ärmern von ihnen kaufen, wenn irgend Etwas, nur sehr wenig betragen würde. Hier also hat der Preiswetteifer zu Vieler, für die Käufer bedeutenden Schaden. Erst dann wird er wirklichen Nutzen haben, wenn die Zahl der Händler geringer ist. Durch Verminderung ihrer Zahl auf die Hälfte oder ein Drittheil würden aber die Ärmern 300 000 bis 400 000 Thlr. jährlich ersparen, also im Durchschnitt die Familie 6 bis 8 Thlr. und, mit Rücksicht auf die übrigen Zwischenhändler, wohl 12 bis 15 Thlr. jährlich.

Es folgt hieraus im Vorbeigehen, dafs der Preiswetteifer oder die sogenannte Concurrenz keinesweges unbedingt und überall, sondern nur bedingungsweise und am rechten Orte für die Käufer vortheilhaft ist. In dem obigen Fall kostet die Übertreibung derselben den Armen, und grade nur den Armen, an eine halbe Million Thaler jährlich. Bei den Handwerken, und selbst bei den Fabriken, verhält es sich mit dem Preiswetteifer ähnlich; und hier hat er noch obendrein leicht den Nachtheil, dafs er, wenn er das rechte Maafs überschreitet, die Güte und Dauer der Erzeugnisse vermindert, also auch dadurch noch ihre Kosten eigentlich erhöht. Auch von der Mitbewerbung im Handel hat die Übertreibung ebensowohl Nachtheile, wie bei jedem andern Geschäft die Überhäufung mit Theilnehmern. Nur dann erst wird es sich im Staate am besten verhalten, wenn jedes Geschäft nur mit der richtigen und verhältnifsmäfsigen Zahl von Arbeitern besetzt ist. Zu Viele schaden überall; sich selbst und Andern. Dem Handel, der Verwaltung, den Handwerken, den Fabriken und den Arbeiten Besitzloser, besonders in den Städten, wenden sich jetzt zu Viele zu; letzteres weil es der Besitzlosen zu viele giebt; dem Ackerbau zu wenig: nicht dafs der Ackerbau jetzt, so wie er ist, mehrer Arbeiter bedürfte, sondern weil er, auf vertheiltem Grund und Boden, deren mehrere, und zwar nicht mehr besitzlos, beschäftigen und auch dieselben, nebst den Übrigen (deren dann, nachdem er von ihnen einen Theil weggenommen hätte, zumal zu den vermehrten Arbeiten, nicht mehr zu viele sein würden) ernähren könnte.

§. 42.

Eines der Mittel, die Lage der Ärmern, also der sogenannten Arbeiter, besonders in den Städten, zu verbessern, besteht also auch darin, die Zahl der Kleinhändler möglichst und bis auf die wirklich nothwendige Zahl zu vermindern. Es müfste dies natürlich wieder nicht etwa dadurch geschehen, dafs man Denen, die im Besitz der Erlaubnifs zum Kleinhandel sind, diese Erlaubnifs nähme; was ein Eingriff in das Eigenthum, also dem Grundgesetz der Gerechtigkeit und wahren Freiheit zuwider sein würde; auch nicht etwa durch Erhöhung der Gewerbesteuer; sondern dadurch, dafs man, so wie allmälig Kleinhandlungen eingehen, oder aufgegeben werden, nicht eher die Erlaubnifs zu andern ertheilte, ehe nicht die Zahl der übrigen bis auf das Angemessene und Nothwendige hinabgekommen ist; auch diese neue Erlaubnifs immer nur auf so lange, bis die Handlung in andere Hände übergeht, so dafs nicht mehr die Erlaubnifs selbst verkauft werden könnte. Wo die bisherigen Erlaubnisse das Recht des Verkaufs haben, müfsten die Besitzer dafür nach dem Maafsstabe von Verkaufsbeispielen entschädigt werden. Die Entschädigung würden billgerweise die übrigbleibenden Händler in Masse zu tragen haben, da ihnen zunächst der Gewinn von den eingehenden Handlungen zufällt; was deshalb nicht drückend ist, weil die Ablösung nur allmälig erfolgt. Ihrerseits würden sie dafür aufserdem durch die Aufhebung der Gewerbesteuer (wovon weiter unten) entschädigt. Zu den Kleinhandlungen, deren Zahlverminderung zu wünschen ist, gehören vorzüglich die mit Lebensmitteln (Victualien) und die mit Spezereien. Für sonstige Bedürfnisse, von welchen die Ärmeren die gröfsere Masse verbrauchen, ist ziemlich durch die Jahrmärkte gesorgt, die hier schon mehr den Zwischenhandel ausschliefsen.

§. 43.

Auch der Vorkauf, der nicht blofs von den Kleinhändlern mit Lebensmitteln getrieben wird, sondern auch noch von Andern, und mehr im Grofsen, insbesondere der Vorkauf von Getreide und Schlachtvieh, lastet durch die daraus entstehende Erhöhung der Preise insbesondere auf den Ärmeren. Nur dann erst sind die Preise der Dinge die möglich-geringsten, wenn der erste Gewinner der rohen Erzeugnisse sie möglichst unmittelbar in die Hände Derer bringen kann, die sie verbrauchen, oder, wo erst eine Vorbereitung zum Verbrauch oder Gebrauch nöthig ist, in die Hände der Verarbeiter, die sie dann weiter unmittelbar an die Verbrauchenden absetzen; also z. B. bei den Feld- und Gartenfrüchten und dem Schlachtvieh, wenn der Landmann sein Getreide unmittelbar an die Bäcker, der Viehzüchter sein Vieh an die Schlächter, der Gärtner seine Erzeugnisse unmittelbar an die Verbrauchenden verkaufen kann, und alle Jene ihren Vortheil dabei finden, ihre Verkaufsgegenstände, ohne Vorkäufer, selbst an den Markt zu schaffen. Dies wird zum Theil schon durch die verbesserten Strafsen erreicht werden; aber ein anderes Hindernifs, welches jetzt den Vorkauf begünstigt, müfste noch weggeräumt werden, nemlich der Mangel an bestimmten Absatz-Orten und *bequemen* Marktstellen; welcher Mangel insbesondere den Landmann abhält, seine Waaren selbst zu Markte zu bringen. Es ist ein sehr grofser, in der That bedauerlicher Übelstand, dafs auch in den schönsten und gröfsten Preufsischen und Deutschen Städten noch immer Lagerhallen und bequeme, *bedeckte* Räume zu den Märkten fehlen. Ein wahrer Schaden ist es jetzt, für die Käufer sowohl, als noch mehr für die Verkäufer, dafs die Wochenmärkte, selbst im Winter und bei der übelsten Witterung, unter freiem Himmel gehalten werden müssen. Abgesehen davon, dafs dadurch der Vorkauf und der Zwischenhandel mit Lebensmitteln ungemein begünstigt wird, sind diese Wochenmärkte unter freiem Himmel auch eine Quelle unzähliger Erkältungen und ernsthafter Krankheiten. Auch die Bemittelteren trifft der Nachtheil der jetzigen unbeschützten Verkaufsstellen; wären dieselben bequemer, so würden sie ihren Einkauf weit weniger dem Hausgesinde überlassen. Auf den Jahrmärkten sind die Verkäufer etwas mehr durch ihre bretterne Buden geschützt; aber doch immer nur unvollständig; die Käufer fast gar nicht. Man sollte also doch nicht länger säumen, endlich den Städten, besonders den gröfseren, bedeckte, feste und bequeme Marktgebäude für die Wochen- und Jahrmärkte zu geben, die den Städten zugleich zur grofsen Zierde gereichen könnten; und dann gröfsere Hallen, in welchen der Landmann sein Getreide und andere Erzeugnisse, z. B. auch Wolle, so wie sein Schlachtvieh, für eine geringe Miethe, bis zum bequemen Verkauf (gelegentlich in eigener Person, oder durch Beauftragte) einstweilen unterbringen könnte. Die Kosten der Marktgebäude und Hallen würden durch eine, bei weitem geringere Erhöhung der Preise der Waaren, als die, welche der Zwischenhandel und der Vorkauf verursachen, reichlich wieder einkommen, und es wäre die Errichtung und Erhaltung dieser Gebäude eine einträgliche Unternehmung für Vereine; wobei aber natürlich die Miethe im Voraus so festgestellt werden müfste, dafs sie für die Anlagekosten nur einen, wenn auch reichlichen, so doch nicht übermäfsigen Zins, nächst den Erhaltungskosten und Eins vom Hundert zur Tilgung der Anlagekosten, eintrüge. Nach der Tilgung würde sie um den darauf kommenden Theil noch weiter hinabzusetzen sein. Solche Marktgebäude und Hallen würden allen Bewohnern zum Vortheil, den Städten zur Zierde gereichen, den Armen ihre Bedürfnisse wohlfeiler liefern und wesentlich zur Verbesserung des Gesundheitszustandes, durch Verminderung der jetzt fast unvermeidlichen Gelegenheiten beitragen, auf den offenen Märkten sich Krankheiten zu holen.

§. 44.

Endlich würde es gar nicht unangemessen und selbst gegen die Zwischenhändler nicht ungerecht sein, wenn in Zeiten wirklicher Theurung, das heifst, sobald vorauszusehen ist, dafs die Preise der unentbehrlichen Dinge ein gewisses, bestimmtes, ungewöhnlich hohes Maafs übersteigen werden, die Gemeinde selbst, durch ihre Vorsteher, gleichsam den Zwischenhandel mit den nothwendigsten und allgemeinsten Nahrungsmitteln übernähme, dieselben, sobald eine Theurung zu erwarten ist, im Grofsen einkaufen und in den Marktgebäuden zu den kleinsten Theilen, und zwar ausschliefslich an die Bedürftigen, ohne reinen Gewinn verkaufen liefse. Sie würde jedenfalls niedrigere Preise stellen können, als die einzelnen Zwischenhändler, weil diesen die Mittel zum Einkauf sehr im Grofsen fehlen und ihnen ihre Aufbewahrungsräume viel mehr kosten. Die Ausschliefslichkeit des Verkaufs an die Bedürftigen würde eben nicht schwierig, sondern durch Ausgabe von Scheinen wohl zu erreichen sein. Ungerecht aber gegen die Zwischenhändler würde das Verfahren nicht sein, da diese, wenn die Anordnung lange genug vorher angekündigt wird, darauf gefafst sein müssen; eben wie auf die Märkte; und da vorausgesetzt wird, dafs die Gewerbesteuer ganz wegfalle.

Auch für die Wohlthätigkeit und für den Wunsch guter, wohlwollender Bürger würde hier eine schöne Gelegenheit sein, die Armen zu erleichtern. Wenn ein Bemittelter, welcher Neigung zum Wohlthun und die Hausgelegenheit zu dem Zwecke hat, einiges Geld dazu anwendete, gröfsere oder kleinere Massen von am meisten nöthigen Lebensmitteln, z. B.

Kartoffeln, bei Zeiten anzukaufen, und dann die Mühe nicht scheute, sie, ohne allen Gewinn (obwohl ohne Schaden), den Armen zu den kleinsten Theilen abzulassen, so würde er damit mehr Gutes stiften und mehr Noth lindern, als wenn er die Zinsen des Geldes, die er so vorausgesetztermaafsen nicht verlöre, den Armen als Almosen schenkte.

IV. Von den Steuern.

§. 45.

Da in jedem Staate, das heifst, in jeder verbündeten Gesellschaft Das was zur Erhaltung und zum gemeinschaftlichen Wohle der Verbündung dient und nothwendig ist, namentlich das Heer zur Vertheidigung des Staats nach aufsen, die Macht zur Aufrechterhaltung der Ordnung und Handhabung der Gesetze im Innern, die Pflege des Rechts, die Leitung der Kirche, der öffentliche Unterricht, die Gesundheitspflege, die Anstalten zur Förderung des Handels und Verkehrs, die Förderung der Wissenschaften und Künste u. s. w. nicht von den Einzelnen und vereinzelt, sondern jedenfalls nur von ausschliefslich damit beauftragten Personen besorgt werden kann, an deren Spitze die Regierung steht, und die mit dem Obigen betrauten Personen ihre ganze Zeit und Thätigkeit den ihnen übertragenen Geschäften widmen, also auch die Mittel zu ihrer und ihrer Familien Erhaltung ihnen gewährt werden müssen: so müssen die dazu nöthigen Kosten nothwendig, welche auch immer die Form der gesellschaftlichen Verbündung sein mag, von den Einzelnen zusammengesteuert werden. Die Steuern sind für jeden Einzelnen eine völlig eben so nothwendige und unvermeidliche Ausgabe, wie die für seine unentbehrlichsten Bedürfnisse; denn ohne das Obengenannte würde die Gesellschaftsverbündung gar nicht bestehen können; die Einzelnen würden unter sich zerfallen und dann sehr bald in die Willkür verbündeter

Nachbarn gerathen. Niemand kann ganz steuerfrei sein; auch nicht die Ärmsten; selbst nicht die Almosen-Empfänger, für welche am Ende die Almosengeber noch ein Almosen zu der Steuer zulegen müssen: denn Jedem, ohne alle Ausnahme, kommen die Vortheile der gesellschaftlichen Verbündung zu gut.

Aber es ist gerecht und billig, dafs die Steuern verhältnifsmäfsig und möglichst wenig beschwerend aufgelegt werden. Dafs dies jetzt, besonders bei den Ärmeren, und also auch bei den Hand-Arbeitern, nicht ganz geschehe, wurde oben in (§. 5.) unter (IV.) angedeutet.

Um nun zu sehen, wie die Besteurung verhältnifsmäfsiger zu vertheilen und weniger lastend zu erheben sein dürfte, sind diese beiden Puncte nach einander zu erwägen, nemlich

Erstlich, das Maafs der Steuer oder die billige, verhältnifsmäfsige Höhe derselben für die verschiedenen Einzelnen; und dann

Zweitens, die Art der Erhebung; letzteres, weil selbst eine Steuer, die verhältnifsmäfsig gar nicht zu hoch ist, durch die Art der Erhebung sehr drückend werden kann; z. B. wenn man sie von den Ärmeren auf einmal jährlich in baarem Gelde verlangte.

§. 46.

Da der Zweck und die Wirkung der Steuern für die Einzelnen dasjenige Wohl ist, welches für sie aus der gesellschaftlichen Verbündung hervorgeht, so ist es gerecht und billig, dafs Jeder im Verhältnifs *dieses Wohls* zu den Steuern beitrage.

Das Wohl besteht freilich nicht blofs in dem sachlichen oder leiblichen (materiellen), sondern auch in dem geistigen Wohlsein: aber das letztere zu messen ist nicht allein unmöglich, sondern es kommt auch hier nicht in Betracht; denn die innere Zufriedenheit ist in jeder Lage möglich und hangt, strenge genommen, nur von dem Einzelnen selbst und seinen nächsten Berührungen ab, in welche der Gesellschaft keine Einmischung zusteht, weil eine solche die persönliche Freiheit unberechtigt beschränken würde. Sein geistiges Wohl verdankt Jeder sich selbst und seiner Familie: der Gesellschaftsverbündung nur insofern, als es von dem leiblichen Wohle abhangt.

Also kann nur das leibliche Wohl das *Maafs der Besteurung* sein.

§. 47.

Da dasselbe, nemlich die Behaglichkeit des Lebens, sehr ungleich ist, so würde zunächst (was kaum zu erinnern nöthig) eine gleich hohe oder Kopfsteuer völlig ungerecht sein. Die Steuer mufs in dem Verhältnifs des leiblichen Wohls stehen.

§: 48.

Das Vermögen, oder der Geldwerth des Besitzes, scheint beim ersten Anblick das Maafs des leiblichen Wohls, also auch das Maafs der Besteurung zu sein. Aber Beides ist bei weitem nicht der Fall.

Denn gar Viele, die nur wenig oder gar kein Vermögen haben, befinden sich gleichwohl durch ein mehr oder weniger festes Einkommen von ihrer Arbeit eben so behaglich, als Vermögende. Ein Einkommen aus Arbeit aber etwa als die Zinsen einer Vermögenssumme anzusetzen, wäre ungerecht; schon weil der Werth eines vorhandenen und eines nur eingebildeten, nicht vorhandenen, von der Arbeit abhängigen Besitzes gar sehr verschieden ist, indem die zweite Art von Besitz mit der Arbeit aufhört, die erste nicht, und es von dem Besitzer des Einkommens viel weniger abhangt, sich selbes für die Dauer zu erhalten, als es mit den Zinsen der Summe, wenn er sie besäfse, der Fall sein würde. Sodann steht auch die Behaglichkeit, welche die Besitzenden aus ihrem Vermögen sich verschaffen, und verschaffen können, keineswegs in geradem Verhältnifs zu demselben. Also ist das Vermögen nicht das Maafs des leiblichen *Wohls.*

Ferner würde man, wenn die Steuer nach dem Geldwerth des Besitzes abgemessen werden sollte, billigerweise nothwendig, nachdem der Werth des Besitzes auf irgend eine Weise ermittelt worden ist, die auf den Besitz verpfändeten Schulden davon abziehen müssen, weil, Das was verpfändet ist, gar nicht mehr dem Besitzer gehört, sondern vielleicht jeden Augenblick von dem Gläubiger in Anspruch genommen werden kann; das Pfandgeben ist ja schon eine Art von Verkauf, nur mit der Bedingung, dafs das Pfand gegen die Bezahlung der Schuld wieder zurückgekauft werden kann. Dann aber würde Der, dessen Besitz ganz verpfändet ist, nach dem Grundsatze der Vermögenssteuer, streng genommen, gar keine Steuer zu bezahlen haben. Ja, folgerichtig, würde sogar Der, dessen Besitz zur Tilgung seiner Schulden nicht hinreicht, von der Steuercasse, statt an sie zu zahlen, noch Geld bekommen müssen; was denn doch sehr wunderlich wäre: Also ist das Vermögen auch nicht das richtige Maafs der *Steuer.*

Weiter sind Vermögen und Besitz im Allgemeinen als das Ergebnifs nützlicher Thätigkeit anzusehen (schädliche Erwerbsthätigkeiten zu hindern, sind die Gesetze bestimmt). Also würde eine mit dem Besitze steigende Steuer eine nützliche Thätigkeit hemmen; und die Hemmung des Erwerbes, besonders eines bescheidenen Eigenthums, ist dem Volkswohl schädlich.

Endlich ist der Steuer-Erhebung die Ausmittlung des Vermögensbetrages ohne die drückendste Einmischung in die persönlichen Verhältnisse der Einzelnen, also ohne die schmerzlichste Verletzung der persönlichen Freiheit, nicht möglich. Der Betrag eines Vermögens ist in so hohem Grade unbestimmt, veränderlich und schwankend, dafs viele, ja die meisten Besitzer, auch mit dem besten und gewissenhaftesten Willen, selber gar nicht im Stande sind, ihn auch nur näherungsweise anzugeben. Ein Kaufmann kann heute reich, morgen arm sein; der Eigenthümer von Grundstücken vermag nicht, ihren Werth auszusagen, weil derselbe von vielen zufälligen Umständen abhangt und schnell und sehr bedeutend sich ändern kann; weshalb denn auch hier die Selbstschätzung, die nothwendig zu Unwahrheiten verleiten und folglich eine Quelle sittlicher Nachtheile sein würde, nicht das Mittel zur richtigen Schätzung des wahren Vermögensbetrages sein kann.

Also auch eine Vermögenssteuer ist nicht die richtige und billige.

§. 49.

Mit dem Einkommen ist es nicht viel anders, als mit dem Vermögen. Ein Einkommen ohne Arbeit, und ein Einkommen durch Arbeit, haben einen gar verschiedenen Werth; aus den schon oben angegebenen Gründen. Gesetzt z. B. Jemand habe ein Einkommen von 300 Thlr. jährlich, die er von einem Andern für eine gewisse, demselben zu leistende Arbeit empfängt, so würde der Arbeitgeber dem Arbeiter, wenn er mit demselben übereinkäme, die jährliche Zahlung für die auf eine gewisse Zeit bedungene Arbeit durch eine bestimmte Summe abzulösen, keinesweges 7500 Thlr. dafür geben können; als die Summe, deren Zinsen zu 4 v. H. 300 Thlr. betragen: denn mit 7500 Thlr. würde er nicht bloſs die Arbeit auf die bestimmte Zeit, sondern für immer bezahlen. Er würde nur so viel zahlen können, als hinreicht, dem Arbeiter, auf die bedungene Zeit, durch die Zinsen davon und durch die allmälige Erschöpfung der Summe, die 300 Thlr. jährlich zu sichern; und dies kann viel weniger betragen als 7500 Thlr.; z. B. auf zehn Jahre offenbar nur weniger als 3000 Thlr. (namentlich nur etwa 2433 Thlr.). Also haben gleiche Einkommen, ohne Arbeit und durch Arbeit, einen sehr verschiedenen Werth, und dürfen folglich auch nicht gleich hoch besteuert werden.

Sodann gewähren auch gleich hohe Einkommen, ohne Arbeit und durch *schwere* Arbeit, offenbar ein gar sehr verschiedenes Maafs der Behaglichkeit; also kann das Einkommen nicht das Maafs der Steuer sein.

In Rücksicht auf Schulden und Zinsen dafür, verhält es sich ähnlich, wie bei dem Vermögen.

Eben so in der Rücksicht, dafs die Einkommenssteuer die für das Volkswohl so nützliche Erwerbsthätigkeit treffen würde.

Auch die Ausmittlung des Betrages der Einkommen würde nur bei den Besoldeten leichter und sicherer sein, als die des Vermögens. Alle Andern, die keine feste Einnahme haben: Kaufleute, Fabricanten, Handwerker, Landwirthe u. s. w. sind selber nicht im Stande, ihr Einkommen mit Sicherheit, auch nur näherungsweise anzugeben.

Folglich kann auch die Einkommenssteuer nicht die rechte und billige sein.

§. 50.

Anders ist es mit dem Verbrauch oder den jährlichen Ausgaben der Gesellschafts-Mitglieder.

Diese Ausgaben sind zunächst weniger, und mindestens nicht so plötzlich veränderlich, als Vermögen und Einkommen. Sodann liegen sie zu Tage und können also, wenn man etwa die Selbst-Angabe anordnet, zur Entscheidung in streitigen Fällen, von den Mitbürgern bestimmter und ohne allzulästiges Eingehen in die persönlichen Verhältnisse beurtheilt werden. Ferner ist die Besteurung der Einzelnen im Verhältnifs ihrer Ausgaben (und das ist die Hauptsache) die natürlichste und gerechteste; denn mit den Ausgaben stehen die Genüsse und das leibliche Wohl des Einzelnen in geradem Verhältnisse; wenigstens nach seiner eigenen Meinung; und da nun die Genüsse durch den Gesellschaftsverband, und nur durch diesen, ihm erhalten und gesichert werden, so ist es gerecht und billig, dafs er zu den Kosten des Gesellschaftsverbandes im Verhältnifs seiner

Genüsse und folglich im Verhältniſs seiner Ausgaben beisteure; natürlich mit Rücksicht auf die geringere oder gröſsere Nothwendigkeit der Ausgaben und auf die Theurung oder Wohlfeilheit der Gegend.

Auch trifft die Besteurung der Ausgaben nicht die Erwerbsthätigkeit, sondern kann nur zur Sparsamkeit antreiben; und diese ist nicht allein ein Förderungsmittel der Sittlichkeit, sondern auch ein Vergröſserungsmittel des Volksvermögens; und aus vergröſsertem Vermögen sind auch wieder vergröſserte Ausgaben ohne Verschwendung möglich und erfolgen von selbst.

Der Einwand, welcher sich gegen die Ausgabesteuer machen läſst, daſs durch sie der Sparsame weniger angezogen werden würde, als der Verschwender, ist theils wenig erheblich, theils unrichtig: Ersteres, weil die Zahl der eigentlich Geizigen nur klein ist und dann ihre Erben gewöhnlich nicht wieder Geizige sind, also bald reichlich nachzahlen, was ihr Erblasser etwa an Steuern zu wenig entrichtet hat; Letzteres, weil es gerade Recht ist, daſs der Sparsame weniger steure, als der Verschwender: denn Ersterer verdient für seine Sparsamkeit eine Ermäſsigung der Steuer, Letzterer eben so eine Buſse; auch hat sich der Verschwender nicht eben zu beklagen: denn wenn er für unnütze Dinge sein Geld verthut, so mag er auch noch zu Nützlichem, nemlich für den Gesellschaftsverband, einen verhältniſsmäſsigen Theil hingeben.

§. 51.

Beim ersten Anblick haben immer allerdings Vermögens- und Einkommenssteuer einen starken Schein der Billigkeit; aber der erste Gedanke daran scheint doch nur mehr augenblicklich der Anerkennung der offenbaren Ungerechtigkeit einer Kopfsteuer oder gleichen Besteurung Aller gefolgt zu sein, während er an sich selbst nur insbesondere auf dem Satze zu beruhen scheint, daſs man sich hüten müsse, da zu Viel zu verlangen und zu nehmen, wo wenig ist; oder auch auf der Meinung, dafs man nur da Viel nehmen dürfe, wo Viel ist, und nur Wenig, wo Wenig ist. Aber an sich selbst hat diese Meinung eben noch keinen Rechts- oder Billigkeitsgrund: denn wäre sie begründet, so müfste folgerichtig der Begüterte auch Alles, was er kauft, von rechtswegen theurer bezahlen, als der Ärmere. Dies geschieht freilich in manchen Fällen; aber nicht mit Fug und Recht. Es wäre Das nichts anderes, als der Anfang einer unberechtigten Gleichmachung des Besitzes. Man darf Den, welcher mehr besitzt, oder mehr einnimmt als ein Anderer, noch keinesweges deshalb höher besteuern, *weil* er mehr hat, oder mehr einnimmt, sondern nur deshalb, weil ihm durch seinen gröfsern Besitz oder durch seine gröfsere Einnahme, die er, nächst seiner eigenen Thätigkeit, dem Gesellschaftsverbande verdankt, mehrere Behaglichkeit zugeführt sein kann. Da indessen Vermögen und Einkommen, wie oben gezeigt, noch keinesweges das gerade Maafs der Behaglichkeit sind, so sind sie nicht das Maafs der Steuer. Die Erhebung einer Vermögens- oder Einkommenssteuer mag allerdings leichter und sicherer sein, als die der Kopfsteuer; denn sie stöfst wenigstens nur seltener auf die Schwierigkeit, da Etwas zu verlangen, wo nicht Hinreichendes vorhanden ist: aber deshalb ist sie warlich noch keinesweges die billigste.

Zusammengenommen verhält es sich mit der Vermögens- oder Einkommenssteuer, der Ausgabesteuer gegenüber, wie folgt.

Erstlich. Vermögen und Einkommen lassen sich nicht richtig ausmitteln; nicht einmal von dem Besitzer selbst, und noch weniger von Andern: die Ausgaben dagegen liegen zu Tage, und die Selbstschätzung ist eher zu prüfen möglich.

Zweitens. Vermögen und Einkommen sind ungemein schwankend und veränderlich; sie können schnell, ja augenblicklich, von Vielem sogar in Nichts übergehen: die Ausgaben sind es viel weniger.

Drittens. Vermögens- und Einkommenssteuer treffen und hemmen die nützliche Thätigkeit zum Erwerbe von Vermögen und Einkommen: die Ausgabesteuer kann nur die Verschwendung hemmen und die Sparsamkeit fördern und ist dadurch ein Mittel zur Beförderung der Sittlichkeit und zur Vergröfserung des Volksvermögens.

Viertens. Die Vermögens- und Einkommenssteuer kann leicht über das Vermögen der Steuerpflichtigen hinausgehen: die Ausgabesteuer nicht, da Niemand ohne Ausgaben bestehen kann und eine Zulage zu denselben, die, wie sich weiter unten zeigen wird, für die Ärmsten nicht über den 36ten Theil ihrer Ausgaben sich beläuft, nicht unerschwinglich ist.

Fünftens. Endlich (und das ist die Hauptsache) sind Vermögen und Einkommen, wie oben gezeigt, nicht das Maafs des Wohlseins, zu welchem die Staatsgenossen durch die von ihnen zu bezahlenden Kosten der Verwaltung des Staats gelangen, und folglich nicht das richtige *Maafs* der Steuer: die Ausgabe dagegen ist das Maafs des Wohlseins, und folglich ist sie auch das richtige *Maafs* der Steuer.

Grundsätzlich dürften also die *jährlichen Ausgaben* als das richtigste und schicklichste Maafs der Besteurung anzusehen sein.

Dabei ist dann zunächst weiter Folgendes zu berücksichtigen.

§. 52.

Erstlich sind die Ausgaben, in Geld ausgedrückt, noch nicht ohne Weiteres, nemlich noch nicht in geradesteigendem Verhältnifs, das richtige Steuermaafs. Es ist nicht ganz genug, dafs z. B. Jemand, der 2000 Thlr. jährlich ausgiebt, blofs 10mal so hoch besteuert werde, als ein Anderer, dessen Ausgaben, mit der gleichen Zahl von Familiengliedern, nur 200 Thlr. jährlich betragen. Er mufs etwas mehr als das 10fache steuern; aus folgenden Gründen.

Es zerfallen nemlich die Ausgaben:

Erstlich, in ganz unvermeidliche; für Nahrung, Kleidung, Wohnung und Heizung;

Zweitens, in diejenigen für Annehmlichkeit und Behaglichkeit; nemlich für bessere Nahrung, Kleidung und Wohnung, für Vergnügungen u. s. w.;

Drittens, in überflüssige Ausgaben, für Prunk und Entbehrliches.

Nun kann es sein, dafs alle Ausgaben des Ärmeren und Ärmsten von der ersten Art sind, oder dafs ihm doch nur sehr wenig für die von der zweiten Art übrig bleibt; während bei Dem, der mehr ausgiebt, ein schon namhafter Theil davon auf Ausgaben zweiter und selbst Einiges auf Ausgaben dritter Art kommt. In solchem Fall wird es dem Armen, z. B. Dem, der nach dem obigen Beispiel für sich und seine Familie nur 200 Thlr. ausgiebt, viel schwerer werden, 1 Thlr. Steuer zu bezahlen, als Dem, der 2000 Thlr. ausgiebt, 10 Thlr.: denn der Erste mufs sich den 1 Thlr. abdarben, der Zweite darf nur 10 Thlr. für Entbehrliches weniger ausgeben, oder höchstens Einiges von seinen Annehmlichkeiten opfern. Das Geld hat gleichsam für den Einen und für den Andern verschiedenen Werth; der Eine mufs die Vortheile, welche er durch die Steuer erkauft, mit empfindlicheren Opfern bezahlen, als der Andere. Also ist es billig, dafs Der, welcher 2000 Thlr. ausgiebt, mehr als die 10fache Steuer Dessen bezahle, dessen Ausgaben nur 200 Thlr. betragen.

Indessen ist hierbei gegenseits nicht zu übersehen, dafs der Betrag der unvermeidlichen Ausgaben für die Beiden in dem Beispiele keineswegs gleich hoch erachtet werden darf; und selbst nicht der Betrag für Annehmlichkeiten. Denn im Allgemeinen wird der Erste geistig höher stehen, als der Andere; deshalb, weil er nur durch die mehrere geistige Thätigkeit die Mittel zu seinen höheren Ausgaben zu erwerben vermag: Dem aber, welcher mehr geistig thätig ist, sind auch viele Dinge, deren der blofse

Hand-Arbeiter nicht bedarf, als Studien, Bücher, Werkzeuge vieler Art, selbst bessere Kleidung, Wohnung und Nahrung, zu und bei seinem Erwerbsgeschäft eben so unentbehrlich, wie dem bloſsen Werkmann das Nothwendigste; und dann kommen endlich auch die höheren Ausgaben des Ersten dem Armen zu gut und helfen ihn nähren.

Die Besteurung des Mehr-Ausgebenden steigt also, der Billigkeit nach, nicht etwa von Neuem in dem Verhältniſs der Höhe der Ausgaben, in dem obigen Beispiel nicht etwa von Neuem auf das 10fache, was zusammen das 100fache sein würde, sondern weniger. Das richtige Verhältniſs läſst sich hier offenbar nicht näher ausmitteln, oder in eigentlichem Sinne berechnen: indessen ist es immer jedenfalls billig, auf den so eben besprochenen Umstand Rücksicht zu nehmen, und es dürfte wahrscheinlich weder zu viel noch zu wenig sein, wenn man den Steuersatz, vom niedrigsten bis zum höchsten Ausgabebetrage, auſser in dem Verhältniſs der Höhe der Ausgabe selbst, stufenweis, und zwar von unten auf schneller zunehmend (weil man aus dem obigen Grunde dem höchsten Satze schneller sich nähern muſs) bis auf das Doppelte steigen lieſse; so also, daſs wenn die höchste Ausgabe z. B. 100mal so hoch wäre, als die geringste, jene nahe an 200mal so hoch zu besteuern wäre, als diese.

Nennt man von den möglich-geringsten Ausgaben, von welchen eine Familie noch zu leben vermag, den (zu gleichen Theilen vertheilt) auf ein einzelnes Familienglied kommenden Theil, *Steuer-Einheit*, die dann für niedrige und hohe Ausgaben gleich hoch besteuert wird, so daſs es nur auf die Zahl der Steuer-Einheiten ankommt, so dürfte die einfachste Regel, diese Zahl zu finden, folgende sein:

> Man theile die Ausgabe einer Familie, in Steuer-Einheiten ausgedrückt, nach der Zahl der Familienglieder in gleiche Theile. Die Zahl von Steuer-Einheiten, welche so auf den *einzelnen* Theil kommt, nehme man *doppelt* und ziehe 1

davon ab. Nimmt man dann den Rest sovielmal, als Familienglieder gerechnet wurden, so giebt Dies die Zahl der Steuer-Einheiten für die Familie.

Also wenn z. B. eine auf ein einzelnes Familienglied kommende höhere Ausgabe 10mal die möglich-geringste wäre (die Das ist, was zur Steuer-Einheit angenommen wurde), folglich 10 Steuer-Einheiten, so würden für die höheren Ausgaben nicht 10, sondern 20 weniger 1, mithin 19 Steuer-Einheiten anzusetzen sein. Die Regel erfüllt zunächst die obige Bedingung, dafs nach ihr der Ansatz, auch für die höchste Ausgabe, nie das Doppelte des Vielfachen übersteigt; und dann die Bedingung, dafs sie schnell steigende Ansätze giebt; jedoch auch wieder auf die Weise, dafs sich, wenn die Ausgabe der möglich-geringsten nahe kommt, nur wenig mehr als das Einfache findet. Z. B. für eine Ausgabe von blofs $1\frac{1}{3}$ Steuer-Einheiten giebt sie nur $2\frac{2}{3}$ weniger 1, also blofs $1\frac{2}{3}$, nicht etwa das Doppelte $2\frac{2}{3}$.

§. 53.

Zweitens darf, ganz aus den obigen Gründen, von Zweien in gleichen äufsern Verhältnissen und mit gleichen Ausgaben, der Eine, welcher eine Familie zu ernähren hat, billigerweise nicht eben so hoch besteuert werden, als Der, welcher allein steht; denn von des Erstern Ausgaben ist ein gröfserer Theil unvermeidlich, als von denen des Letztern; und die einzelnen Familienglieder haben von der gleichen Ausgabe der Familie weniger Behaglichkeit, als der Einzelne. Dieser Umstand würde sich wieder durch folgende Regel berücksichtigen lassen:

Man ziehe von der Zahl der Steuer-Einheiten, die sich nach der obigen Regel für die Familie findet, sovielmal einen gewissen, namentlich *den 20ten Theil* oder 5 von 100 ab, als Familienglieder gerechnet werden. Bei dem

Ansatz der *Zahl* der Familienglieder müfste man, um auch noch den Fall angemessen zu berücksichtigen, wo keine Kinder da sind, sondern neben dem Haupt der Familie nur eine Frau oder ein anderer Führer des Hauswesens vorhanden ist, diesen für *zwei* Familienglieder anschlagen.

Nach dieser Regel ergeben sich, wie billig, um so weniger Steuer-Einheiten, je gröfser die Zahl der Familienglieder ist. Es betrage z. B. die jährliche Ausgabe einer Familie 120 Steuer-Einheiten. Sind nun 10 Familienglieder vorhanden, so würde die Berechnung des Steuer-Ansatzes für die Familie folgende sein. Von den 120 Steuer-Einheiten kommen auf jedes der 10 Familienglieder 12. Diese nach der obigen ersten Regel doppelt genommen und 1 davon abgezogen, giebt 23 Einheiten für jedes einzelne der 10 Familienglieder, also 230 Steuer-Einheiten für die ganze Familie. Davon nun nach der zweiten Regel für die 9 neben dem Haupte der Familie vorhandenen Glieder 10 mal 5 auf 100 (nemlich die Frau für 2 Familienglieder gerechnet), also 50 von 100 abgezogen, läfst 115 Einheiten; welche die Familie von 10 Personen, nemlich aus Mann, Frau und 8 Kindern bestehend, zu versteuern haben würde. Wären dagegen aufser der Frau nur drei Kinder, also zusammen nur 5 Familienglieder vorhanden, so würden auf jedes Familienglied von den 120 Steuer-Einheiten 24 kommen. Dieses doppelt genommen und 1 davon abgezogen, giebt 47 Einheiten für jedes einzelne der 5 Familienglieder und 235 Einheiten für die ganze Familie. Hiervon 5 mal 5 vom Hundert oder $\frac{1}{4}$ für die Frau und die Kinder abgezogen, läfst $176\frac{1}{4}$ Einheiten; welche die Familie von 5 Personen, nemlich Mann, Frau und 3 Kinder, zu versteuern haben würde. Wären weder Frau noch Kinder vorhanden, so würde der Einzelne, mit 120 Einheiten Ausgabe, 2 mal 120 weniger 1, also 239 Einheiten versteuern müssen. Also von der gleichen Ausgabe von 120 Steuer-Einheiten wären zu versteuern:

115 Einheiten, wenn die Familie Frau und 8 Kinder hat,
176¼ Einheiten, wenn aufser der Frau nur 3 Kinder da sind, und
239 Einheiten, wenn der Steuernde allein steht.

Dieses Verhältnifs dürfte angemessen sein.

§. 54.

Drittens. Die Theurung oder Wohlfeilheit des Orts mufs nothwendig ebenfalls bei der Besteurung berücksichtigt werden, weil von zwei Familien, mit gleichen Ausgaben und in gleichen äufsern Verhältnissen, diejenige, welche an dem theureren Orte lebt, auf ihre nothwendigen und unvermeidlichen Bedürfnisse einen gröfsern Theil ihrer Ausgaben verwenden mufs, als die andere am wohlfeileren Orte, also mit derselben Ausgabe weniger Behaglichkeit erlangt, als die letztere. Die am theureren Orte lebende Familie mufs weniger hoch besteuert werden, als die, welche mit den gleichen Ausgaben am wohlfeileren Orte in gleichen Verhältnissen lebt. Letztere mufs eine gröfsere Zahl von Einheiten versteuern.

Diese billige Bedingung wird sich wieder sehr einfach dadurch erfüllen lassen:

Dafs man *alle* Steuer-Einheiten, gleich viel ob hoch oder niedrig, *gleich hoch* besteuert;

denn die gleiche Ausgabe macht am wohlfeilern Ort mehr Steuer-Einheiten aus, als am theuern, weil dort die Steuer-Einheit selbst, nemlich Das was von der möglich-geringsten Ausgabe auf ein Familienglied kommt, geringer ist.

Wenn z. B. von zwei Familien, jede von 5 Personen und die jede 600 Thlr. jährlich ausgeben, die eine an einem theuern Orte, wo die Steuer-Einheit auf 20 Thlr. gerechnet werden mufs, die andere an einem wohlfeilern Ort, wo die Steuer-Einheit nur 10 Thlr. beträgt, in sonst gleichen Verhältnissen lebt, so hat die erste 30, die andere 60 Einheiten zu versteuern.

Dies giebt nach der obigen Berechnungs-Art für jedes Glied der ersten Familie 6 und dies doppelt genommen, weniger 1, 11, also für die 5 Familienglieder 55 Einheiten, wovon 5 mal 5 von Hundert, also ¼ abzuziehen sind, so daſs die erste Familie 41¼ Einheiten zu versteuern hat. Für jedes Glied der zweiten Familie dagegen ergeben sich 12, und dies doppelt genommen, weniger 1, 23, also für die 5 Familienglieder 115 Einheiten und ein Viertheil davon abgezogen, 86¼ Einheiten, welche die zweite Familie versteuern müſste; so daſs also, da die Steuer für die verschiedenen Einheiten gleich hoch ist, die an dem nur halb so theuern Orte lebende Familie etwa doppelt so viel Steuer zu bezahlen haben würde, als die andere; was ganz billig ist, da ihr die doppelte Steuer nicht schwerer fällt, als der anderen Familie am theuern Orte die einfache. Der Arme und der Arbeiter wird übrigens durch diese Regel nicht etwa am wohlfeilern Orte härter getroffen, als am theuern, weil er dort, wo die Steuer-Einheit geringer ist, auch weniger verdient und folglich weniger ausgiebt, als am theuern Orte.

Man wende gegen diese Berechnungs-Art der Steuern nicht etwa ein, sie sei zu verwickelt, oder gar, sie sei zu mühsam. Was die Absicht hat, Gerechtigkeit und Billigkeit zu üben, darf nie unterbleiben, wäre es auch wirklich verwickelt und mühsam; was indessen hier wohl schwerlich der Fall ist. Wären selbst die schwierigsten algebraischen Rechnungen nöthig, so müſsten sie, falls dadurch ein gutes Ziel erreicht werden kann, angewendet werden. Die künstlichen und schwierigen Rechnungen würden dabei nur einen nützlichen und würdigen Gegenstand mehr zu Anwendungen finden.

§. 55.

Es kommt nun weiter darauf an, wie am leichtesten, sichersten und am wenigsten in die innern Familienverhältnisse eindringend, die jährlichen Ausgaben der Staatsmitglieder auszumitteln oder zu schätzen sein dürften.

Hiebei ist erst vorab folgende Bemerkung wegen der Personen nöthig, die im Solde Anderer stehen.

Es sind für die Besteuerung zwei Arten dieser Personen zu unterscheiden. Die erste Art ist die, deren Leistungen lediglich zur Bequemlichkeit und Behaglichkeit der Soldgeber dienen; wie Hausgesinde und männliche und weibliche Diener aller Art. Die zweite Art ist die, welche für das Gewerbe des Soldgebers arbeiten; wie z. B. die Gehülfen eines Handwerksmeisters, die Fabrik-Arbeiter, die zum Ackerbau nöthigen Gehülfen u. s. w.

Die Besoldeten selbst, von beiden Arten, müssen offenbar nach der obigen Berechnungs-Art für die Höhe der jährlichen Ausgaben besteuert werden, die sie nach ihrem Stande und nach ihrer Lebensweise zu machen haben würden, wenn sie ihre Dienste rein baar bezahlt bekämen; was vielleicht theilweise, oder gar nicht der Fall sein wird; nemlich da, wo sie vom Soldgeber, statt baaren Geldes, Wohnung, Nahrung und Kleidung erhalten. Sodann aber sind die Kosten, welche die Besoldeten dem Soldgeber verursachen, bei der zweiten Art der Besoldeten, die ihm bei seinem Geschäft helfen, nicht als Theil seiner eigenen Ausgaben anzurechnen; wohl aber *allerdings* bei der ersten Art, durch welche sich der Soldgeber blofs zu seiner Behaglichkeit bedienen läfst.

Die Leistungen der Besoldeten zweiter Art, für sein Gewerbe, erkauft nemlich der Soldgeber nicht, um den Ertrag derselben für sich zu behalten, sondern nur, um ihn wieder zu verkaufen und aus dem Gewinn, den er dabei zu machen gedenkt, die Mittel zu seinen eigenen Ausgaben zu erwerben; so dafs der Sold, welchen er zahlt, nicht eine Ausgabe für sich selbst ist, sondern nur eine Auslage. Dieser Sold kann ihm also eben so wenig als ein Theil der Ausgaben für sich angerechnet werden, als z. B. dem Kaufmann Das, was er für die Waaren zahlt, welche er kauft, um sie wieder zu verkaufen. Die Leistungen der Besoldeten erster Art dagegen, für seine Behaglichkeit, kauft der Soldgeber, um sie für sich zu behalten und zu seiner Bequemlichkeit zu verwenden: ihre Kosten sind also ein wesentlicher Theil seiner eigenen Ausgaben und müssen folglich auch von ihm versteuert werden; eben wie beim Kaufmann etwa die Kosten desjenigen Theils der erkauften Waaren, die er und seine Familie selbst verbrauchen. So findet bei der ersten Art der Besoldeten nicht etwa eine doppelte Besteurung Statt: denn z. B. ein Diener, der außer dem Hause seines Herrn wohnte und von ihm seinen ganzen Sold in baarem Gelde erhielte, würde zunächst offenbar für die Ausgaben steuerpflichtig sein, die er machen müßte, um zu leben: denn ob er seinen Lohn baar, oder ganz oder zum Theil durch Wohnung Nahrung, Kleidung u. s. w. erhält, macht keinen Unterschied; sodann aber erhöhen sich die Ausgaben des Soldgebers um so viel, als der Lohn des Dieners beträgt; so daß der Betrag dieses Lohns auch von ihm noch zu versteuern ist.

Wo die Leistungen eines Besoldeten von dem Soldgeber zum Theil zu seiner Behaglichkeit, zum Theil für sein Gewerbe benutzt werden, wie z. B. bei den sogenannten Hausdienern, muß, während der Besoldete, wie immer, seine Ausgaben versteuert, dem Soldgeber der Werth des ersten Theils der Leistungen des Besoldeten noch zu den eigenen Ausgaben angerechnet werden; z. B. die Hälfte des Lohns des Besoldeten.

§. 56.

Mit Rücksicht auf diese Beobachtung dürften nun die jährlichen Ausgaben der verschiedenen Staatsmitglieder auf folgende Weise auszumitteln, oder zu schätzen sein.

Erstlich. Von allen Denjenigen, welche gleichförmig eine einfache Lebensweise führen, lassen sich die Ausgaben recht gut und ohne fast irgendwo die Billigkeit erheblich zu verletzen, mit Rücksicht auf die verschiedene Theurung des Wohnorts, durch den Gemeinde-Vorstand schätzen. Es sind dieser Personen eine sehr große Menge; sie machen sogar die große Masse des Volks aus. Es sind die Tagelöhner aller

Art, in den Städten und auf dem Lande, männliche und weibliche; die Handwerks- und sonstigen Geschäftsgehülfen und Fabrik-Arbeiter; die Handwerksmeister, welche ohne Gehülfen arbeiten; die Eigenthümer kleiner Landstücke; die ganz kleinen Händler u. s. w., also fast die Gesammtheit Derer, welche kärglich leben. Von allen Diesen lassen sich die Ausgaben ohne Mühe und mit möglichster Sicherheit schon aus ihrer Einnahme schätzen, weil hier vorauszusetzen ist, dafs ihr die Ausgabe gleich sei. Und dies ist sehr günstig, da es besonders darauf ankommt, dafs Denen nicht Unrecht geschehe, die nur Wenig haben.

Zweitens. Von allen Denen, die ein bestimmtes, bekanntes Einkommen haben, von welchem allein sie leben, wie z. B. die meisten Beamten, darf man im Allgemeinen und ohne Unbilligkeit annehmen, dafs sie ihr Einkommen auch ganz ausgeben. Von allen Diesen ist also die Höhe der Ausgaben ohne Weiteres bekannt. Behauptet Einer oder der Andere, dafs er weniger ausgebe (was aber wohl nur selten geschehen dürfte), so würde er es nachweisen müssen. Hat Jemand neben seinem Amt, mit so geringem Gehalt, dafs er davon nicht leben kann, noch andern Erwerb, oder giebt er offenkundig aus seinem Vermögen viel mehr aus, als sein Gehalt beträgt, so gehört er zu der folgenden dritten Art der Abzuschätzenden.

Drittens. Diese sind nemlich alle Übrigen, zu den Obigen nicht zu zählenden, deren Einkommen nur ihnen selbst näher bekannt ist, ja zum Theil nicht einmal von ihnen selbst im voraus mit Sicherheit angegeben werden kann. Es sind die Kaufleute aller Art; die Handwerker, welche mit Gehülfen arbeiten; die Fabricanten und andere Geschäftsleute; die Haus- und gröfseren Grundbesitzer; die Künstler, Ärzte, Rechts-Anwälte, die Rentner u. s. w. Von allen Diesen lasse man zunächst ihre jährlichen Ausgaben selbst angeben. In vielen Fällen werden diese Steuerpflichtigen Nutzen davon haben, oder zu haben glauben, wenn sie ihre Ausgaben eher zu hoch, als zu niedrig angeben; auch in Beziehung auf die Wahlen der Volksvertreter; wovon weiter unten. Kommen Angaben vor, die offenbar zu niedrig scheinen, so mögen sie zunächst von Denen, welche sie machten, gerechtfertigt werden; und ist die Nachweisung nicht befriedigend, so entscheide eine gröfsere oder geringere Zahl von Mitbürgern des Betheiligten, von welchen man weifs, dafs ihnen seine Lebensweise bekannt ist, unter dem Vorsitze der Obrigkeit. Solche Fälle dürften indefs wohl nur ausnahmsweise und sogar nur selten vorkommen.

§. 57.

Auf solche Weise dürften sich, scheint es, die jährlichen Ausgaben der Staatsgenossen ohne grofse Schwierigkeit und Mühe und ohne lästiges Eindringen in die Familienverhältnisse mit hinlänglicher, jedenfalls mit weit gröfserer Sicherheit ausmitteln lassen, als Vermögen und Einkommen; und die zu erlangende Sicherheit wird um so mehr ausreichend sein, weil es, wie sich unten näher zeigen wird, gar nicht darauf ankommt, dafs etwa die Schätzungen im Allgemeinen zu niedrig ausfallen, sondern nur darauf, dafs möglichst das richtige Verhältnifs der verschiedenen Höhe der Ausgaben ermittelt werde; weshalb man denn auch als Regel annehmen müfste, die zu Schätzenden, besonders von der obigen ersten Art, nicht zu hoch anzusetzen.

Es versteht sich übrigens, dafs bei allen Abschätzungen der jährlichen Ausgaben nur runde Summen, und zwar Vielfache der für jede Gegend, ebenfalls in runder Summe vorher festgestellten Steuer-Einheit anzunehmen sind, so dafs die Zahl der Steuer-Einheiten, worauf es nur ankommt, immer eine ganze Zahl ist. Trifft eine Ausgabesumme, in Steuer-Einheiten berechnet, zwischen zwei ganzen Zahlen, so würde die kleinste der beiden anzusetzen sein.

Die Besteurungs-Art wäre so der jetzigen Classensteuer ähnlich; nur dafs ihre Höhe für die Einzelnen nach der oben beschriebenen andern Art ausgemittelt wird, dafs sie nicht eine blofse Hülfssteuer, sondern die gesammte, von den Einzelnen zu entrichtende Steuer ist, und dafs sie, wie weiter unten folgt, anders zu erheben wäre.

§. 58.

Nachdem auf die beschriebene Weise die Zahl der Steuer-Einheiten für die einzelnen Personen und Familien und anderseits die Summe des Steuerbedürfnisses der Staatsverwaltung ausgemittelt worden ist, giebt letztere Summe, durch die Gesammtzahl der Steuer-Einheiten getheilt, unmittelbar die auf jede Einheit anzuschlagende Steuer, und dann weiter diese, für jede einzelne Person oder Familie sovielmal genommen, als auf sie Steuer-Einheiten kommen, die Steuer selbst, welche der Einzelne oder die Familie zu entrichten hat.

Eine sichere Berechnung läfst sich nach diesen Grundsätzen natürlich nur dann erst aufstellen, wenn die beschriebenen Ausmittelungen gemacht sind. Um indessen einen *ganz ungefähren* Begriff von dem Ergebnifs dieser, aus den obigen Gründen billigen Steuervertheilung zu geben, wollen wir folgendes Beispiel in Durchschnittzahlen aufstellen.

Wir können dabei weder auf die Einzelnen, noch auf die Verschiedenheit der Zahl der Familienglieder, so wie auch nicht auf die nach der Theurung oder Wohlfeilheit der Gegend sich richtende Verschiedenheit des Geldbetrages der Steuer-Einheiten Rücksicht nehmen, sondern für eine *ungefähre Durchschnittsberechnung* nur Familien von 5 Personen ansetzen; also für die 17 Millionen Bewohner des Preufsischen Staats $3\frac{2}{5}$ Millionen Familien. Für den durchschnittlichen Geldbetrag der Steuer-Einheit mögen 15 Thlr. angenommen werden; von dem Gesichtspunct ausgehend, dafs im Durchschnitt 150 Thlr. die geringste Summe sei, von welcher Mann, Frau und 8 Kinder leben können. Ferner wollen wir für diese Durchschnittsberechnung nur 7 verschiedene Classen annehmen, nemlich:

zu 75, 150, 300, 600, 1200, 3000 und 12000 Thlr. jährlicher Ausgabe,
also zu 5, 10, 20, 40, 80, 200 und 800 Steuer-Einheiten.

So viel sich aus den Ergebnissen bei der bisherigen Classensteuer vermuthen läſst, dürfte aus der Gesammtzahl
1 Familie auf 5,27, 2,83 4,25, 6,62, 22,67, 68 und 680
mit 75, 150, 300, 600, 1200, 3000 und 12000 Thlr. jährlicher Ausgabe zu rechnen sein.

Nach den obigen Regeln in (§. 52. und 53.) ergiebt sich dann Folgendes. In der ersten oder untersten Classe kommen von den 5 Steuer-Einheiten auf jedes der 5 Familienglieder 1 Steuer-Einheit. Dieses doppelt genommen und 1 davon abgezogen, giebt wieder 1 Einheit, also für die 5 Familienglieder 5 Einheiten. Hiervon nach (§. 53.) 5 mal 5 auf 100, also 25 auf 100, nemlich 2 mal 5 für die Frau und 3 mal 5 auf 100 für die 3 Kinder abgezogen, läſst 3¾ Steuer-Einheiten; welche die Familie zu versteuern haben würde. Auf dieselbe Weise für die folgenden Classen gerechnet, ergeben sich für dieselben der Reihe nach 11¼, 26¼, 56¼, 116¼, 296¼ und 1196¼ Steuer-Einheiten. Die Übersicht des Ergebnisses der Rechnung ist folgende.

Classe	Zahl der Familien	Nemlich 1 auf	Jährliche Ausgabe der Familie	Dieselbe in Steuer-Einheiten
No. 1.	645 000	5,27	75 Thlr.	5
- 2.	1 200 000	2,83	150 -	10
- 3.	800 000	4,25	300 -	20
- 4.	550 000	6,62	600 -	40
- 5.	150 000	22,67	1200 -	80
- 6.	50 000	68	3000 -	200
- 7.	5 000	680	12000 -	800
Zusammen	3 400 000			

Classe	Thut Steuer-Einheiten	Summe der jährlichen Ausgaben	Zu versteuernde Einheiten	Thut solcher Einheiten
No. 1.	3 225 000	48 375 000 Thlr.	3¾	2 418 750
- 2.	12 000 000	180 000 000 -	11¼	13 500 000
- 3.	16 000 000	240 000 000 -	26¼	21 000 000
- 4.	22 000 000	330 000 000 -	56¼	30 937 500
- 5.	12 000 000	180 000 000 -	116¼	17 473 500
- 6.	10 000 000	150 000 000 -	296¼	14 812 500
- 7.	4 000 000	60 000 000 -	1196¼	5 981 250
Zusammen	79 225 000	1188 375 000 Thlr.	Zusam.	106 087 500.

§. 59.

Angenommen nun, die Steuerbedürfnisse der Verwaltung betrügen 70 bis 71 Millionen Thaler, aufser dem Ertrage der Staatsgüter (Domainen), so müfste jede der 106 087 500 zu versteuerden Einheiten mit etwa 20 Silbergroschen besteuert werden.

Wir nehmen für das Steuerbedürfnifs jene bedeutende Summe an, damit die Mittel vorhanden sein mögen: zu den Kosten des unentgeltlichen untern Volks-Unterrichts, zur Fortsetzung der Strafsenbaue und anderer Landesverbesserungen, zur Kriegsflotte, zur Beschleunigung der Ablösung der Staatsschuld, zur Beförderung der Ansiedlung der Arbeiter u. s. w.

Dieses giebt dann folgenden Steuerbetrag für die verschiedenen Classen.

Classe	Zahl der Familien	Zu der jährlichen Ausgabe von	Die Familie hat an Steuer zu bezahlen: Für	Zu	Thut
No. 1.	645 000	75 Thlr.	$3\frac{3}{4}$ Einheiten	20 Sgr.	$2\frac{1}{2}$ Thlr.
- 2.	1 200 000	150 -	$11\frac{1}{4}$ - -	20 -	$7\frac{1}{2}$ -
- 3.	800 000	300 -	$26\frac{1}{4}$ - -	20 -	$17\frac{1}{2}$ -
- 4.	550 000	600 -	$56\frac{1}{2}$ - -	20 -	$37\frac{1}{2}$ -
- 5.	150 000	1200 -	$116\frac{1}{4}$ - -	20 -	$77\frac{1}{2}$ -
- 6.	50 000	3000 -	$296\frac{1}{4}$ - -	20 -	$197\frac{1}{2}$ -
- 7.	5 000	12000 -	$1196\frac{1}{4}$ - -	20 -	$797\frac{1}{2}$ -
Zusam.	3 400 000				

Classe	Thut von ihrer Ausgabe	Und zusammen an Steuer
No. 1.	$3\frac{1}{3}$ auf 100	1 612 500 Thlr.
- 2.	5 - -	9 000 000 -
- 2.	$5\frac{5}{6}$ - -	14 000 000 -
- 4.	$6\frac{1}{4}$ - -	20 625 000 -
- 5.	$6\frac{11}{24}$ - -	11 625 000 -
- 6.	$6\frac{7}{12}$ - -	9 875 000 -
- 7.	$6\frac{31}{48}$ - -	3 987 500 -
	Zusammen	70 725 000 Thlr.

Im Durchschnitt betragen diese 70 725 000 Thlr. Steuer von der Gesammt-Ausgabe der Staatsbewohner, welche 1 188 375 000 Thlr. war, etwa $5\frac{19}{20}$ vom Hundert, und man sieht, daſs die behaglicher Lebenden gegen die Ärmeren nach der obigen Regel nicht allein in geradem Verhältniſs ihrer mehreren Ausgaben, sondern in steigendem Maaſs besteuert werden: die Reichsten gegen die Ärmsten nach einem mehr als doppelt so hohen Satz, während gleichwohl die Reichsten einen nicht viel gröſsern Theil ihrer Ausgaben zahlen, als wenn der Satz für Arme und Reiche gleich wäre, nemlich nur $6\frac{31}{48}$ statt $5\frac{19}{20}$ vom 100 der Ausgabe, während die Ärmsten nur $3\frac{1}{3}$ vom 100, also fast nur die Hälfte des durchschnittlichen Satzes von $5\frac{19}{20}$ vom 100 entrichten.

Ohne Zweifel werden die Zahlen-Ergebnisse in der Wirklichkeit von den obigen noch mannichfach abweichen, wahrscheinlich aber im Wesentlichen nicht bedeutend.

§. 60.

Es ist nun leicht zu sehen, dafs es bei dieser Vertheilungs-Art der Steuer nicht darauf ankommt, dafs der Betrag selbst der jährlichen Ausgaben der Steuernden völlig richtig ausgemittelt werde, sondern nur insbesondere darauf, dafs man möglichst richtig das wahre Verhältnifs der Höhe der Ausgaben in den verschiedenen Classen erfahre. Würden alle Ausgaben verhältnifsmäfsig zu gering angesetzt, also in Folge dessen die Summenzahl der Steuer-Einheiten zu klein, so entstände daraus gar kein Nachtheil, sondern der Unterschied wäre nur, dafs der Satz für die Steuer-Einheit, statt auf 20 Sgr., etwas höher angeschlagen werden müfste. Die Steuer selbst und alles Übrige bliebe, und es würde Niemanden Unrecht gethan. Blofs wenn etwa die höhern Ausgaben beträchtlich mehr zu niedrig angesetzt würden, als die geringeren, würden die Dürftigen in Nachtheil kommen; weshalb man denn, wie oben bemerkt, sich hüten mufs, Diese nicht etwa zu hoch abzuschätzen.

Auch sieht man, dafs, wenn etwa die Nothwendigkeit einer aufsergewöhnlichen Erhöhung des Steuerbedürfnisses vorkommen sollte, dazu nicht etwa eine neue Art von Steuer nöthig ist, die möglicherweise nur einzelne Classen ausschliefslich, oder doch zu stark treffen könnte, sondern nur eine Erhöhung des Satzes für die Steuer-Einheit; wodurch dann immer alle Classen, und immer nur verhältnifsmäfsig getroffen würden. Entstände z. B. ein aufserordentliches Steuerbedürfnifs von 7 Millionen Thaler, also die Nothwendigkeit einer Erhöhung der Gesammtsteuer von 10 auf 100, so müfste der Satz für die Steuer-Einheit, statt auf 20, auf 22 Sgr. festgestellt werden, und die Steuern aller Classen stiegen dann ebenfalls um den 10ten Theil; aber immer in demselben Verhältnifs unter sich.

§. 61.

Es fragt sich jetzt weiter, auf welche Weise die Gesammtsteuer zu *erheben* sein dürfte.

Scheinbar am einfachsten wäre es, diese Gesammtsteuer (neben welcher natürlich alle bisherigen Staatssteuern wegfielen) in angemessenen Zeit-Abschnitten von den Besteuerten in Geld einzufordern: allein dies würde eben so schwer ausführbar, als für die Besteuerten unbequem und selbst drückend sein; besonders für ärmlicher Lebende. Auch würde es eine zu bedeutende, plötzliche und in vieler Rücksicht nachtheilige Veränderung aller jetzigen Verhältnisse nach sich ziehen. Ferner steht die Aufhebung einiger jetzigen Steuern nicht einmal ganz in der Willkür des einzelnen Staats, besonders nicht die Aufhebung der Grenzzölle; und endlich würde es der Erfahrung nach kaum möglich sein, wenigstens nicht ohne fortwährenden Schein von Härte, also nicht ohne beständige Erregung von Unzufriedenheit, so wie auch nicht ohne große Kosten, die Steuer in Gelde von den ärmeren Classen regelmäßig zu erlangen. Die unmittelbare Erhebung der obigen Steuer, als einzige unmittelbare (directe) Steuer, ist also als nicht ausführbar zu betrachten.

Es giebt aber hier einen sehr angemessenen und leichten Ausweg. Von den Verbrauchsteuern, den sogenannten indirecten Steuern nemlich, die in den Preisen der Verbrauchsgegenstände einschließlich und also von den Ärmern in sehr kleinen Theilen sogleich mitbezahlt werden, hat die Erhebung keine Schwierigkeit, weil hier die Steuer gar nicht benannt und in den kleinsten Theilen bezahlt wird, also unmerklich ist. Die Verbrauchsteuern geben nur dann eine gegründete Ursach zur Unzufriedenheit, wenn sie den Ärmeren höher als verhältnißmäßig treffen. Aber diese Ursach fällt weg, wenn ihr Betrag, wie es geschehen müßte, jedem Steuernden verhältnißmäßig auf seine gesammte Steuer *angerechnet* wird.

Man lasse also von den Verbrauchsteuern, ganz so wie sie jetzt sind, diejenigen fortbestehen, welche mit keiner sonstigen Unbequemlichkeit verbunden sind. Diese sind die Salzsteuer, die Grenzzölle und die Branntweinsteuer. Letztere fordert zwar eine bedeutende Auslage der Steuernden und ist in gewissem Sinne zugleich eine Gewerbsteuer; aber da sie eine schädliche Gewerbsthätigkeit trifft, deren Verminderung und allmäliges Aufhören zu wünschen ist, so ist sie in diesem Sinne zugleich nützlich. Die Steuer auf Grund und Boden (die Grundsteuer) ist zwar ebenfalls eigentlich eine Verbrauchsteuer auf die Erzeugnisse des Bodens, aber sie ist auch zugleich eine Gewerbsteuer; sie ist auf diese Weise der Branntweinsteuer ähnlich. Da sie indessen nicht, wie diese, eine schädliche, sondern eine der allernützlichsten Gewerbsthätigkeiten trifft und hemmt, so ist, schon aus diesem Grunde, so wie aus den weiter oben, in (§. 33. und 34.) ausführlich entwickelten Ursachen, ihre gänzliche Aufhebung nützlich und nöthig. Auch die Stempelsteuer dürfte beizubehalten sein. Sie läfst sich von aller Überlastung befreien, wenn man jedem Stempelbogen eine besondere Marke seines Preises beifügt, die bei allen Steuerzahlungen statt baaren Geldes angenommen wird.

Alle übrigen Staatssteuern hebe man auf. Von denselben sind noch diejenigen insbesondere nachtheilig, welche die Erzeugung nützlicher Dinge, also die Gewerbsthätigkeit und den Handel und Verkehr erschweren und hemmen; zum Theil schon durch die Umständlichkeit der Erhebung: also die Gewerbsteuer, die Strafsensteuer, die Steuer auf die Erzeugung nützlicher Dinge, z. B. die Malzsteuer, die Steuer auf den Runkelrübenbau und die Zuckerbereitung u. s. w. Auch die Mahl- und Schlachtsteuer dürfte aufzuheben sein, weil die Erhebung derselben aufserhalb der Städte zu schwierig, in den Städten aber lästig und drückend ist. Dafs die bisherige Classensteuer neben der obigen Gesammtsteuer wegfallen müfste, versteht sich von selbst. Die beibehaltenen Verbrauchsteuern rechne man dann den Steuernden auf ihre Gesammtsteuer an.

§. 62.

An Ertrag der oben benannten beizubehaltenden Verbrauchsteuern setzen wir:

Von der Salzsteuer, und zwar an reinem Ertrag,	5	Mill. Thaler,
Von der Branntweinsteuer	5	- -
Von den Grenzzöllen	12	- -
Von der Stempelsteuer	3	- -
Zusammen	25	Mill. Thaler,
so dafs von der obigen Gesammtsteuer von	$70\frac{3}{4}$	Mill. Thlr.
nur noch	$45\frac{3}{4}$	Mill. Thlr.

baar zu erheben bleiben würden. Aber diese $45\frac{3}{4}$ Mill. Thaler treffen die Steuernden nicht mehr in demselben Verhältnifs, wie die Gesammtsteuer, weil die 25 Millionen Verbrauchsteuer nach andern Verhältnissen zu vertheilen und den Einzelnen auf ihre Gesammtsteuer anzurechnen sind.

Die 10 Mill. Thaler Salzsteuer und Branntweinsteuer sind nemlich nach aller Billigkeit auf die $3\frac{2}{5}$ Millionen Familien ganz gleich zu vertheilen; denn alle brauchen gleich viel Salz; auch ist für alle füglich gleich viel Branntwein zu rechnen; die Wohlhabenderen brauchen ihn zum Verbrennen und zu andern Zwecken. Also sind von diesen 10 Mill. Thalern Steuern, welche die Steuernden beim Salz und Branntwein schon bezahlen, jeder Familie 2 Thlr. 28 Sgr. zu gut und auf ihre Gesammtsteuer abzurechnen.

Die 12 Mill. Thaler Grenzzölle dagegen können nicht Allen gleich zu gute gerechnet werden; denn wer wenig für seinen Unterhalt ausgiebt, kauft nur wenig von den an den Grenzen versteuerten Waaren. Es ist sehr natürlich, anzunehmen, dafs Jeder von diesen Dingen im Verhältnifs der Höhe seiner Ausgaben kauft: also sind die ihm auf seine Gesammtsteuer anzusetzenden Beträge nach eben diesem

Verhältniſs zu berechnen. Von den 3 Mill. Thalern Stempelsteuer wollen wir hier in dieser bloſs beispielsweisen Berechnung (was aber auch von der Wirklichkeit nicht sehr abweichen dürfte) Dasselbe annehmen; obgleich die Stempelsteuer, wie oben bemerkt, noch richtiger und angemessener sich vertheilen läſst.

Es sind also zusammen 15 Mill. Thlr. Grenzzölle und Stempelsteuer nach Verhältniſs der Höhe der Ausgaben der verschiedenen Classen der Steuernden zu vertheilen. Die Gesammt-Ausgaben der $3\frac{2}{5}$ Mill. steuernder Familien betragen nach der Berechnung in (§. 58.) 79 225 000 Steuer-Einheiten zu 15 Thlr.: mithin kommen von den 15 Mill. Thlr. Steuern 5,68 ($5\frac{68}{100}$) Sgr. auf jede Steuer-Einheit, und folglich sind den 7 verschiedenen Classen von Familien von den 15 Mill. Thlr. Grenzzöllen und Stempelsteuer, im Verhältniſs der Höhe ihrer Ausgaben, und von den 10 Mill. Thlr. Salzsteuer und Branntweinsteuer, zu gleichen Theilen, zusammen folgende Beträge auf ihre Gesammtsteuer abzurechnen:

Classe	Jährliche Ausgabe in Steuer-Einheiten	zu	Thut an Zöllen und Stempel			Sodann an Salz- und Branntwein-steuer			Zusammen		
		Sgr.	Thlr.	Sgr.	Pf.	Thlr.	Sgr.	Pf.	Thlr.	Sgr.	Pf.
No. 1.	5	5,68	—	28	5	2	28	3	3	26	8
- 2.	10	5,68	1	26	10	2	28	3	4	25	1
- 3.	20	5,68	3	23	8	2	28	3	6	21	11
- 4.	40	5,68	7	17	4	2	28	3	10	15	7
- 5.	80	5,68	15	4	8	2	28	3	18	2	11
- 6.	200	5,68	37	26	—	2	28	3	40	24	3
- 7.	800	5,68	151	14	—	2	28	3	154	12	3

Es bleiben also von der Gesammtsteuer nur noch baar zu erheben:

Classe	Jährliche Ausgabe	Gesammt- steuer		Davon gehen ab			Bleiben also baar zu erheben		
	Thlr.	Thlr.	Sgr.	Thlr.	Sgr.	Pf.	Thlr.	Sgr.	Pf.
No. 1.	75	2	15	3	26	8	Nichts und 1 Thlr. 11 Sgr. 8 Pf. zu erlassen.		
- 2.	150	7	15	4	25	1	2	19	8
- 3.	300	17	15	6	21	11	10	23	2
- 4.	600	37	15	10	15	7	26	29	7
- 5.	1200	77	15	18	2	11	58	12	1
- 6.	3000	197	15	40	24	3	156	20	9
- 7.	12000	798	15	154	12	3	643	2	9

Von der 1ten Classe, den eigentlich Armen, zu 75 Thlr. jährlicher Ausgabe, ist also nicht allein Nichts baar zu erheben, sondern sie würden durch die Salz- und Branntweinsteuer sogar schon 1 Thlr. 11 Sgr. 8 Pf. zu viel bezahlen. Dies kann man dadurch heben, daſs man dieser Classe das Salz, welches sie verbrauchen, um so viel wohlfeiler erläſst, als die Übersteurung von 1 Thlr. 11 Sgr. 8 Pf. beträgt. Die Erhebung der für die andern Classen noch bleibenden baaren Steuer dürfte ganz ausführbar sein. Bloſs die zweite Classe, mit 150 Thlr Ausgaben, würde vielleicht noch Schwierigkeiten machen. Da indessen diese Classe besonders aus Arbeitern und Dienstleuten bestehen wird, so würde die Schwierigkeit vermindert werden, wenn sie selbst sich so einrichteten, daſs ihre Steuer, als Theil ihres Lohns, von den Arbeitgebern bezahlt würde und also dann von diesen erhoben werden könnte. Den Besoldeten würde man natürlich den baaren Theil der Steuer sogleich von ihrem Solde zurückbehalten, und den Übrigen könnte noch eine Erleichterung dadurch verschafft werden, daſs man Denen, welche erklären, die Steuer monatlich selbst einliefern zu wollen und es das Jahr hindurch pünctlich gethan haben, beim letzten Monat so viel vom Hundert der Jahressteuer erläſst, als im Ganzen verhältniſsmäſsig die Erhebung kostet.

Leicht wäre es auch noch, die obigen baar zu erhebenden Theile der Gesammtsteuer, da wo die Mahlsteuer und die Schlachtsteuer eingeführt sind, noch weiter zu vermindern. Man dürfte nur diese Steuern, etwa herabgesetzt, fortbestehen lassen. Die Mahlsteuer beträgt im Durchschnitt für eine Familie von 5 Personen jährlich etwa 4 Thlr., die Schlachtsteuer 2 Thlr. 20 Sgr.; und da nun diese Steuern, wenigstens die Mahlsteuer wieder, gleich der Salzsteuer, solche sind, die alle Classen gleich hoch treffen und also Allen zu gleichen Beträgen auf ihre Gesammtsteuer abzurechnen sind, so könnte man dadurch erlangen, dafs auch die 2te Classe, mit 150 Thlr. Ausgaben, gar Nichts mehr an Steuer baar zu entrichten hätte und dafs die Baarzahlung, selbst der 3ten Classe, mit 300 Thlr. jährlicher Ausgaben, fast bis auf Eindrittel der sie treffenden Gesammtsteuer sich verminderte.

Alle Verbrauchs- oder sogenannten indirecten Steuern, insofern sie von der Art sind, dafs sie nicht so leicht umgangen werden können und dafs ihre Erhebung nicht etwa sonst schwierig und verletzend ist, sind den baaren Steuern vorzuziehen; denn sie gehen leichter und sicherer ein, weil sie nicht von der grofsen Menge der einzelnen Steuerpflichtigen, sondern immer nur von viel wenigeren Personen erhoben werden, die sie dann auf die Verbrauchsgegenstände weiter vertheilen; und für die Steuerpflichtigen sind sie weniger empfindlich und merkbar, als baare Steuerzahlungen, weil die Steuernden sie in den kleinsten Theilen und nur durch ihr eigenes Bedürfnifs dazu getrieben, nicht auf einmal und nicht in Folge besonderen äufseren Zwanges entrichten. Drückend und ungerecht können Verbrauchssteuern nur dann werden, wenn die Unverhältnifsmäfsigkeit, mit welcher sie etwa die Steuernden treffen, nicht ausgeglichen wird: aber nicht im mindesten ungerecht und dabei weniger drückend als baare Steuern sind sie, wenn man den verhältnifsmäfsigen Theil davon den Steuernden auf ihre Gesammtsteuer *abrechnet*. Wenn also selbst noch mehrere dergleichen Verbrauchssteuern möglich und zu finden sein sollten, würde ihre Erhebung, vorzugsweise vor der Erhebung des ihnen entsprechenden baaren Theils der Gesammtsteuer, zu empfehlen sein; selbst eine *Erhöhung* der beibehaltenen Verbrauchssteuern, besonders der Salz-, Stempel- und der Branntweinsteuer würden es sein; denn von Niemanden würde durch die Erhöhung auch nur das Geringste *mehr* verlangt. Die Erhöhung wäre vielmehr nur eine *Erleichterung* der Besteuerten für den *baaren* Theil ihrer Gesammtsteuer; zugleich wäre sie eine Erleichterung der *Erhebung*.

§. 63.

Übrigens ist zu bemerken, dafs, wenn das Steuerbedürfnifs der Staatsregierung allmälig sich vermindert: durch Tilgung der Staatsschuld, durch Verminderung des Landheeres, durch Vereinfachung der Verwaltung u. s. w., auch die *Gesammtsteuer* in demselben Verhältnifs abnimmt; und der *baar* zu zahlende *Theil* derselben in noch *stärkerem* Verhältnifs. Verminderte sich z. B. das Steuerbedürfnifs um *Einfünftel*, also bis auf 56 bis 57 Millionen Thaler, so würde an Steuer nur noch Folgendes *baar* zu erheben sein:

Classe	Jährliche Ausgaben	Gesammt-steuer	Davon gehen ab			Bleiben also baar zu erheben		
	Thlr.	Thlr.	Thlr.	Sgr.	Pf.			
No. 1.	75	2	3	26	8	Nichts und 1 Thlr. 26 Sgr. 8 Pf. zu erlassen.		
						Thlr.	Sgr.	Pf.
- 2.	150	6	4	25	1	1	4	11
- 3.	300	14	6	21	11	7	2	1
- 4.	600	30	10	15	7	19	14	5
- 5.	1200	62	18	2	11	43	27	1
- 6.	3000	158	40	24	3	117	5	9
- 7.	12000	638	154	12	3	483	17	9

§. 64.

Die Bezirks- und Gemeindesteuern würden nach denselben Regeln zu vertheilen sein, wie die Staatssteuern.

Sonstige Steuern, welche Einzelne von Andern ohne Gegenleistungen zu erheben berechtigt und die zum Theil drückend, oder doch, weil sie aus alten Zeiten und längst vergangenen Verhältnissen herstammen, sehr lästig sind und jetzt unbillig zu sein scheinen, würden, zum Wesentlichen Vortheil beider Theile, sowohl der Steuerpflichtigen, als der Einnahme-Berechtigten, aufzuheben sein; und zwar *gegen Entschädigung* der Letztern durch die Erstern, oder, wo es billig ist, durch den Staat. Ohne Entschädigung darf die Aufhebung natürlich nie und nirgend geschehen, weil eine Steuer ein Theil des Besitzes des Einnahme-Berechtigten ist, der die Steuer nicht eingeführt, sondern ererbt, oder erkauft hat, so dafs die Aufhebung der Steuer ohne alle Entschädigung ein Eingriff in das Eigenthum sein würde. Ein solcher Eingriff, ohne alle Rücksicht, darf aber niemals und nirgends Statt finden; denn wird er irgendwo für Recht erkannt, so kann mit demselben Recht, entweder der Staat nicht allein Denen, welche Viel besitzen, sondern, *was wohl zu merken ist*, auch, wiederum mit demselben Recht Denen, die *Wenig* besitzen, von dem Ihrigen nehmen; oder auch Diese und Jene können einander es thun. Dies wäre aber dann der Zustand der Gewaltsamkeit. Die Folge wäre ein Kampf der beiden Parteien, bei welchem es zuletzt darauf ankäme, welche Partei aus ihrer Mitte, oder auch an Söldnern, die meisten Streiter ins Feld stellen könnte; und die weitere Folge wäre natürlich die Zerstörung der Gesellschaft.

Die Entschädigung für die aufzuhebenden Steuern wird aber vom Staate, wenn auch nicht mit wirklichem Recht, so doch nach voller Billigkeit, immer nur möglichst gering zu bestimmen sein; und um so geringer, je drückender und veralteter die Steuer ist, je unbilliger sie zu sein scheint und je mehr sie der Anfechtung ausgesetzt ist. Es liefse sich zwar aus der in (§. 31.) gedachten Pflicht des Eigenthums, Niemanden durch die Benutzung seines Eigenthums, weder Einzelnen, noch auch dem Gemeinwesen Schaden zuzufügen, sogar scheinbar ein *Recht* herleiten, die Entschädigung sehr gering anzusetzen, weil die drückenden und lästigen Steuern in der That nicht blofs den Steuerpflichtigen, sondern selbst dem Gemeinwesen auf die Weise schaden, dafs sie stete Unzufriedenheit nähren. Indessen ist diese Herleitung nicht haltbar, weil die Steuern nicht Folgen des eigenen Willens des Einnahme-Berechtigten sind und also nicht zu der selbstthätigen Benutzung seines Eigenthums gehören. Dagegen die *volle Billigkeit* findet wirklich Statt, und liegt darin, dafs thatsächlich ein Besitz um so weniger werth ist, je mehr er auf irgend eine Weise bestritten und angefochten werden kann und je mehr er Andere belästigt. Bei vielen dieser Steuern werden daher die Einnahme-Berechtigten sogar zu ihrem eigenen Vortheil wohlthun, wenn sie die lästigsten Steuern freiwillig ohne Entschädigung aufgeben; denn ihr Besitz selbst wird dadurch fernerhin unbestreitbarer und kann so an wirklichem Werth leicht mehr gewinnen, als verlieren.

Dies von den Mitteln, die Arbeiter und die Armen durch eine verhältnifsmäfsige Bestimmung der Steuern zu erleichtern.

Von den Wahlen der Volksvertreter.

§. 65.

Ehe wir weiter schliefslich zu Dem übergehen, was den Volks-Unterricht betrifft, ist noch Einiges auch über Das zu bemerken, was für die Wahlen von Volksvertretern oder Volks-Abgeordneten, da wo eine Volksvertretung verfassungsmäfsig ist, zu wünschen sein dürfte. Es gehören zwar diese Wahlen zu den Gegenständen dieser kleinen Schrift nicht unmittelbar, aber sie sind gleichwohl nicht gut zu übergehen; und zwar nicht etwa bloſs, weil sie in einem gewissen Punct auch bei der Vertheilung der Steuern in Betracht kommen, sondern hauptsächlich, weil davon, daſs die Volksvertretung ihren Zweck richtig erfülle, das Wohl Aller und folglich auch die Verbesserung des Zustandes der Arbeiter abhangt.

§. 66.

Wir setzen voraus, die Bestimmung der Volksvertretung, die (auch schon um die Einseitigkeit der Beschlüsse möglichst zu verhindern) in zwei Kammern wird vertheilt sein müssen, bestehe etwa in Folgendem:

Erstlich, Gesetze, die zur weitern Förderung des Wohls Aller im Volk noch fehlen, oder etwa dazu nöthige Veränderungen der vorhandenen Gesetze, zu berathen und mit der Regierung zu vereinbaren.

Zweitens, desgleichen, und eben so, den Steuerbedarf, so wie die Vertheilung, die Erhebungs-Art und die Bestimmung und Verwendung der Steuern.

Drittens, Änderungen der Verfassung, die sich durch die Erfahrung als nöthig und nützlich erweisen, mit der Regierung zu vereinbaren; auf dieselbe Weise, wie es mit der Verfassung selbst geschahe.

Eine andere Bestimmung kann die Volksvertretung nicht wohl haben. Sie kann, da beide, sie und die Regierung, nur einen und denselben Beruf haben, nemlich den, das Wohl des Volks zu schützen und zu fördern, immer wesentlich nur eine Gehülfin der Regierung sein, welche dieselbe mit den Wünschen und Bedürfnissen des Landes aus eigener naher Anschauung und Erfahrung bekannt macht, sie bei der Wahl der Mittel, die Wohlfahrt des Volks zu erzielen, mit ihren Kenntnissen der Verhältnisse und mit ihren Einsichten unterstützt und ihr bei den Maaſsregeln zur Aufrechterhaltung und Ausführung der Verfassung beisteht. Für diese Zwecke ist sie gewifs in hohem Grade nützlich und nothwendig, und ihre Aufgaben sind eben so wichtig, als schwierig.

Denn insbesondere zunächst die Gesetze sind die wahren Grundlagen der Wohlfahrt des Volks und die Nerven der Regierung; es kann also auf dieselben nicht Scharfsinn, Einsicht und Erfahrung genug verwendet werden.

Rücksichtlich der Steuern kann die Wirkung der Volksvertretung nur die oben bezeichnete sein. Es kann nicht etwa zu ihrem Beruf gehören, die Steuern selbst zu bewilligen, und nicht zu ihren Befugnissen, sie zu verweigern. Denn offenbar ist die Zahlung der Steuern an die Regierung unter allen Umständen nothwendig, selbst an jede Regierung, welche auch ihre Form sein mag; die Zahlung darf sogar keinen Augenblick unterbrochen werden; und man kann nicht bewilligen nennen, was unvermeidlich und nothwendig geschehen mufs; weshalb denn auch eine Verweigerung der Steuern nie Statt finden kann; nicht einmal die Ankündigung derselben. Eine Befugnifs dazu in den Händen der Volksvertretung würde wesentlich nichts anders sein, als nur ein Mittel, einen Wechsel der von dem Staats-Oberhaupt mit der ausübenden Gewalt betrauten und dafür verantwortlichen Personen zu erzwingen; aber ein höchst nachtheiliges Mittel. Denn schon die blofse Ankündigung der Steuerverweigerung würde allgemeine Bestürzung, und gar die Ausführung der Verweigerung, die dann doch immer schnell zurückgenommen werden müfste, nachdem, falls die ausübende Gewalt nicht nachgeben kann, ein Wechsel der Volksvertretung erfolgt ist, würde allgemeine Verwirrung hervorbringen, das Vertrauen in die Geldkräfte des Staats tief erschüttern und allem Besitz und Eigenthum unermefslichen Schaden zufügen. Schon die blofse Möglichkeit der Steuerverweigerung würde das Vertrauen zu der Kraft der Regierung im Innern, so wie das Anerkenntnifs dieser Kraft bei den fremden Staaten schwächen. Nicht einmal das Volk selbst hat die Befugnifs, die Steuern blofs zu bewilligen, noch weniger das Recht, sie zu verweigern; vielmehr ist es steuerpflichtig, und diese Pflicht ist unnachläfslich. Denn das Volk zahlt der Regierung die Steuer nur zu seinem eigenen Wohl und zur Erhaltung des eigenen Staatskörpers; und *keine* Regierung ist im Stande, ohne Steuern auch nur einen Augenblick zu regieren. Die Steuern sind dem Staate eben so nöthig, wie dem Leibe die Nahrung; und diese ist ihm nicht zu bewilligen, sondern *mufs* ihm gewährt werden. Verweigerte das Volk die Steuern, so würde es den Staat, also sich selbst angreifen. Da also das Volk selbst die Steuern weder blofs zu bewilligen hat, noch das Recht haben kann, sie zu verweigern, so kann es auch nur eben so mit seiner Vertretung sich verhalten. Jedoch alles Dieses natürlich nur, insofern die Steuern überhaupt gemeint sind. Ein Anderes ist es mit der Höhe, der Vertheilung, der Erhebungs-Art, dem Zweck und der Verwendung der Steuern. Alles Dies sind Gegenstände der Berathung und Vereinbarung zwischen der Volksvertretung und der Regierung: ganz eben so, wie es die Gesetze und deren Veränderung und Ergänzung sind. Kommt etwa einmal eine Vereinbarung nicht sogleich zu Stande, so bleibt nichts anderes übrig, als die bestehenden Steuern fortzuerheben, bis die Vereinbarung erfolgt ist; ganz eben so, wie, wenn die Vereinbarung über die Änderung eines Gesetzes nicht sogleich gelingt, das vorhandene Gesetz so lange gültig bleibt, bis die Vereinbarung erfolgt ist. Doch wird sich der Übelstand vermeiden lassen, wenn die Berathung wegen der Steuern frühe genug im Voraus begonnen wird und die Steuern möglichst für längere Zeit feststehend vereinbart werden.

Zu der Vereinbarung von Änderungen der Verfassung, welche die Erfahrung als nützlich und nöthig zeigt, und die dann unbedenklich rathsam sind (wie es in allen Dingen wohlgethan ist, das Bessere an die Stelle des weniger Guten zu setzen) hat offenbar die Volksvertretung den gleichen Beruf, welchen sie zu der Vereinbarung der Verfassung selbst hatte.

Dem Staats-Oberhaupte kommt es zu, die mit den Beauftragten der ausübenden Gewalt vereinbarten Beschlüsse der Kammern entweder zu bestätigen und dadurch zum Gesetz zu erheben, oder sie zur nochmaligen Berathung zurückweisen zu lassen; welches Letztere aber wohl nur selten geschehen dürfte, da, der Voraussetzung nach, die verantwortlichen Räthe der Krone an den Berathungen und Beschlüssen der Kammern Theil nehmen.

An der ausübenden Gewalt und an der Verwaltung kann die Volksvertretung nicht Theil nehmen; denn zwei Regierungen neben einander wären eben so unangemessen, wie zwei gleichermächtigte Feldherren eines Heeres, oder zwei Befehlshaber eines Schiffs.

§. 67.

Es ist nun offenbar und augenfällig, dafs die Volksvertreter, um ihre wichtigen Obliegenheiten wirklich zum Wohle und Heile des Volks, welches sie dazu sendete, erfüllen zu können, auch alle dazu nöthigen Eigenschaften und Einsichten besitzen müssen. Blofs guter Wille und ein schlichter, verständiger Sinn, neben Unbescholtenheit (die sich von selbst versteht) reichen dazu nicht hin; selbst noch nicht ausgebreitete Lebens- und Welt-Erfahrung, neben Uneigennützigkeit und Rechtschaffenheit: es sind auch bestimmte Kenntnisse: der Rechtswissenschaft, der Staatswirthschaft, der Staatsverwaltung, der Staatskunst überhaupt nöthig; so wie des Landes selbst und der verschiedenen, gegenseitigen Verhältnisse seiner Bewohner; nebst einem vorurtheilsfreien und parteilosen Urtheil über alles Dieses. Ohne jene bestimmten Kenntnisse und ohne dieses Urtheil können die redlichsten Männer, mit dem besten Willen, dem Volke mehr Schaden zufügen, als selbst der Eigenwille Einzelner; besonders zu einer Zeit, wo sogenannte Theorieen nur zu gern sich geltend machen. Theorieen, ohne vorherige Prüfung und Bestätigung durch die Erfahrung, sind in allen Dingen unzuverläfsig und gefährlich: Versuche mit dem Volkswohl aber sind, wie es ja die traurigsten Erfahrungen oft genug gezeigt haben, fürchterlich; sie können die Wohlfahrt von Millionen, ja des ganzen Staats kosten. Auch blofse Gelehrte, so wie geübte Verwalter, eignen sich noch nicht ganz zu Volksvertretern. Beide werden vielleicht entweder nur am Alten festhalten, oder den Ersteren wird die Kunst der Anwendung und die Erfahrung in der Ausübung fehlen, wenn sie nicht gar auf ungeprüfte Theorieen verfallen; Letzteren kann leicht das unbefangene, wissenschaftliche Urtheil fehlen. Der Volksvertreter, wie er zu wünschen ist, mufs, wie oben angedeutet, die Wissenschaft der Verwaltung und Leitung des Staats, im Innern wie nach Aufsen, nebst einem richtigen allgemeinen Urtheil besitzen; verbunden mit Lebens-Erfahrung und, wie sich von selbst versteht, mit redlichem Willen und Parteilosigkeit. Er mufs nothwendig eine richtige Einsicht von der Art haben, wie überhaupt die Gesellschaft bestehen kann und wie das Wohl *Aller* sich erhalten und weiter fördern läfst. Die Wissenschaft ist nichts anders als der Inbegriff des Besten, was bisher Nachdenken und Erfahrung ergeben haben; und nur davon ausgehend kann ein richtiges Urtheil und parteifreier Wille das Rechte und Heilbringende treffen. Wer ohne die Wissenschaft urtheilt, tappt in's Ungewisse hinein; denn der Augenblick kann in der Regel nichts Besseres treffen, als was Jahrhunderte des Nachdenkens und der Erfahrung gelehrt haben. Die Kenntnifs des Vorhandenen, die Wissenschaft, ist der Stoff: das richtige Urtheil haucht ihm Leben ein. Auch die Kunst der Rede mufs der Volksvertreter, wie er zu wünschen ist, besitzen. Denn die Rede lenkt in einer grofsen Versammlung die Meinung der Andern; und da die Kunst der Rede nur zu oft und, selbst in sonst guter Absicht, auch wohl nur mehr zur Überredung, als zur Vertheidigung des wirklich Rechten dient, so ist sie auch Dem, der wirklich das Rechte trifft, und folglich, für das richtige Gleichgewicht, jedem der Vertreter nöthig.

Es wäre wunderlich, erst noch beweisen zu wollen, dafs ein Volk keine anderen Vertreter, als solche, die wirklich sein Wohl und Heil zu fördern vermögen, wünschen kann, oder dafs es auch nur über die Art derselben nicht gleichgültig sein dürfe. Niemand vertraut ja gern auch nur den kleinsten Theil des Seinigen, oder seines Wohls, Jemanden an, von welchem er nicht weifs, dafs es in den rechten Händen sei: kein Verständiger wird sich einem Arzte anvertrauen, wenn er nicht überzeugt ist, dafs derselbe in seiner Kunst geübt sei: kaum wird sich Jemand irgend Etwas zu seinem Bedarf von einem Manne verfertigen lassen, von dem er weifs, dafs er es nicht verstehe. Also kann gewifs kein Volk sein ganzes Wohl und Wehe in die Hände anderer als solcher Vertreter legen wollen, von denen es überzeugt sein darf, dafs sie den Willen und die Fähigkeit haben, dasselbe zu schützen und zu fördern.

Die Wahlen müssen also nothwendig so angeordnet und ausgeübt werden, dafs aus ihnen Stellvertreter, wie sie zu wünschen sind, hervorgehen können und zu erwarten sind.

§. 68.

Nimmt man wie gewöhnlich an, dafs auf 50 000 Menschen ein Volksvertreter zur zweiten und auf 100 000 Menschen ein Volksvertreter zur ersten Kammer komme, so werden es etwa 8 bis 10 Tausend und dann 16 bis 20 Tausend mündige männliche Personen sein, die einen Volksvertreter zu ernennen haben. Frauen, Kinder und Unmündige schliefsen mit Recht auch die ausschweifendsten Ansichten von den Wahlen aus. Es wäre sogar nöthig, dafs der Urwähler mehr als die Jahre erreicht habe, mit welchen ihm das Gesetz die Fähigkeit zuerkennt, sein eigenes Wohl in seiner nächsten Umgebung zu beurtheilen und zu fördern: denn zur Beurtheilung seines Wohls, als Mitglied des ganzen Staates, als Staatsbürger, worauf es bei den Wahlen der Volksvertreter ankommt, gehört auch noch wenigstens einige Lebens-Erfahrung; daher sollten zur Wahlberechtigung noch einige, etwa 2 bis 3 Jahre, mehr bedingt sein, als zur Mündigkeit oder zur Berechtigung zum Handeln nach dem eigenen Willen. Auch können zu den Wahlen offenbar nur diejenigen Männer von mindestens dem bestimmten Alter zugelassen werden, deren eigener Vortheil in der Ordnung und in dem Bestehen des Staats liegt und welche aufserdem selbständig sind, das heifst, die von einzelnen Andern nicht etwa in dem Maafs abhangen, dafs ihre Wahlstimmen nicht frei wären.

Damit nun z. B. die 10 000 Urwähler den rechten Mann treffen können, ist es zunächst offenbar nöthig, dafs sie alle die geeignetsten Männer in ihrer Mitte kennen, dafs heifst, dafs deren Thun und Treiben, ihre Kenntnisse und Fähigkeiten und ihre Denk-Art ihnen bekannt sind. In grofsen Städten, wo die 10 000 Urwähler enge zusammenwohnen, mag so Etwas möglich sein; nicht aber in kleinen Städten und auf dem Lande, wo die 50 000 Menschen auf 16 bis 25 und mehr Quadratmeilen zerstreut sind. Dann aber mögen auch wohl diejenigen Männer, welche etwa allen Urwählern bekannt sind, nur mehr entweder die öffentlich Angestellten, die Reichsten, Vornehmsten, oder auch Die sein, welche am meisten von sich haben hören lassen: alle Diese aber sind grade nicht nothwendig Die, welche in allen Puncten vorzugsweise zu Volksvertretern sich eignen; denn die Reichsten, Vornehmsten und die Angestellten haben grade nicht immer alle die nothwendigen, oben aufgezählten Eigenschaften und Kenntnisse; und eben so wenig Die, welche am meisten die allgemeine Aufmerksamkeit auf sich gezogen haben, weil das wahre Verdienst, gegentheils, gern im Verborgenen bleibt. Also ist es schon sehr zweifelhaft, ob alle die 10 000 Urwähler diejenigen Männer auch nur kennen und zu nennen wissen, welche sich wirklich vorzugsweise zu ihrem Vertreter eignen.

Aber es ist mehr nöthig. Es reicht noch nicht hin, dafs alle Urwähler die Männer kennen, unter welchen sie zu ihrem wahren Heil zu wählen haben. Es ist auch offenbar nöthig, dafs sie Alle die Eigenschaften, Kenntnisse und Fähigkeiten Derer, unter welchen sie wählen wollen, zu beurtheilen verstehen. Dies ist aber offenbar, weder in den Städten, noch auf dem Lande, durchaus und bei weitem nicht der Fall. In der That vermag Niemand, einen Andern, dessen Wissen und Einsichten über die seinigen weit hinausreichen, zu beurtheilen. Er mag urtheilen können, ob der Andere ein redlicher Mann sei und es gut mit ihm meine: aber von seinem Wissen und seinen Einsichten hat er deshalb noch keinen Begriff. Der Hand-Arbeiter, der Werkmann und der schlichte Bürger und Landmann kann nimmer den Staatsmann beurtheilen; und ein Staatsmann mufs der Volksvertreter, wie er zu wünschen ist, sein.

§. 69.

Was wird also nun erfolgen, wenn die 10 000 Urwähler durchaus ohne Weiteres ihren Vertreter wählen sollen; und was wird geschehen sein, wenn sie ihn gewählt haben? Die Theorie wird zunächst sagen, der Vertreter werde wirklich aus der Wahl der 50 000 Menschen hervorgehen und der Gewählte sei wenigstens der Mann ihres Willens. In der Wirklichkeit (der Praxis) dagegen wird es sich wie folgt verhalten. Ein bedeutender Theil der 10 000 Urwähler wird an der Wahl gar nicht Theil nehmen; theils durch seine Geschäfte und seinen Brod-Erwerb daran verhindert, theils aus Gleichgültigkeit und Lässigkeit, theils auf die Übrigen sich verlassend. Ein zweiter bedeutender Theil wird sich nach dem Rathe Anderer richten; theils weil er nicht selbst weifs, was zu thun sei, theils weil er von Andern, auch wohl ohne es zu verlangen, berathen wird. Die Zahl der Letzteren kann sehr bedeutend sein; denn es werden besonders Diejenigen sein, welche sich in der Überredungsmacht der Wortführer befinden; welche Letzteren dann also eigentlich für diesen bedeutenden Theil die wahren Urwähler sind; jeder mit einer Menge von Stimmen. Wieder ein anderer Theil wird sich Einsichten genug zutrauen (ohne sie zu haben) um selbst, nach eigener Überzeugung zu wählen. Endlich bleibt der kleine, wirklich hinreichend einsichtige Theil übrig, dessen Stimmen zum Guten und Rechten führen könnten; der aber wieder zum Theil noch vielleicht von mancherlei Rücksichten geleitet wird.

Also keineswegs und bei weitem nicht alle die 10000 Urwähler selbst werden es sein, die ihren Vertreter wählen, sondern zunächst die Wortführer, mit einer Masse von Stimmen; dann die ihre Einsichten Überschätzenden, und einige wenige wirklich Einsichtige. So wäre es denn blofs ein Zufall, wenn aus einer solchen Wahl der rechte, oder auch nur ein einigermaafsen geeigneter Mann hervorginge, und die Theorie täuscht bitter alle die 50000 Menschen, wenn sie ihnen sagt, der von ihnen ernannte Stellvertreter sei derjenige, welcher wirklich am besten das Wohl Aller zu wahren vermögen werde, oder auch nur, er sei der Mann ihres Willens; er ist nur der des Willens von vielleicht kaum ein Paar Hunderten.

§. 70.

Doch, auch den fast unmöglichen Fall angenommen, dafs die 10000 Urwähler wirklich selber nach eigener Meinung und Überzeugung wählen: was wird dann geschehen? Unter den 10000 wird die grofse Mehrzahl aus schlichten Werkleuten und Hand-Arbeitern bestehen, die von den Eigenschaften und Kenntnissen, welche Derjenige haben müfste, der das Wohl Aller und also auch ihr eigenes wahres Wohl wirklich wahrzunehmen im Stande wäre, unmöglich eine hinreichende Einsicht besitzen können. Ihre Wahl wird also auf Männer aus ihrer Mitte, oder auch auf Andere fallen, von welchen sie glauben, sie würden ihnen, vielleicht auf Kosten der behaglicher sich Befindenden, möglichst viele Vortheile verschaffen. Und da nun die Zahl jener Wähler die grofse Mehrzahl ist, so wird wirklich ein solcher Vertreter gewählt werden. Wenn aber nun eine Versammlung von Vertretern des Volks, die etwa danach trachten, die kärglich Lebenden, nicht sowohl neben den Übrigen, was allein möglich ist, sondern auf ihre Kosten besser zu stellen, das Wohl des Staats mit in die Hände bekommt, so wird die Folge sein, dafs die Armen nur noch ärmer werden, und es kann zuletzt eine jener Theorieen zur Ausführung kommen, die die Nothwendigkeit des Eigenthums bezweifelt, oder die gleiche Theilung desselben beliebt; und das wäre der Untergang der Gesellschaft.

Glücklicherweise wird, wie es die Erfahrung lehrt, der zweite, fast unmögliche Fall bei den Wahlen nicht Statt finden; wenigstens nicht in der Regel, ja selbst nur selten. Es wird dabei hergehen, wie oben geschildert. Der ernannte Vertreter wird nicht der Mann des Willens der 10 000 Urwähler, sondern nur der des Willens von vielleicht ein Paar hundert Personen sein.

§. 71.

Da es nun also thatsächlich unmöglich ist, dafs alle Urwähler wirklich mit ihrem eigenen Willen zu der Wahl ihres Vertreters beitragen (denn so liegt es in der Natur der Dinge, in der menschlichen Art und in den Verhältnissen der Staatsbewohner) da es vielmehr immer nur Wenige sind, deren Willen und Meinung die Wahl entscheidet: so ist es zunächst offenbar besser, und die Absicht wird mehr *wirklich* erreicht werden, wenn die Urwähler erst die kleine Zahl Derjenigen, die den Vertreter wirklich wählen, *selbst* ernennen, als wenn sie zugeben, dafs diese Wähler ohne, und vielleicht selbst gegen ihren Willen sich selbst einführen, oder dafs der Zufall sie einführe.

Nicht die unmittelbaren (directen) Wahlen der Volksvertreter, sondern, *grade umgekehrt,* die mittelbaren (indirecten) Wahlen sind es also nach der Natur der Dinge und in der Wirklichkeit, durch welche noch *am meisten* gerade der Wunsch sich erreichen läfst, Vertreter ernannt zu sehen, die den Wünschen Aller Urwähler entsprechen und auch noch am meisten dazu sich eignen: Eins und das Andere mufs, wenn die Wahlen weiter zweckdienlich geordnet sind, als gleich betrachtet werden. Die Urwähler täuschen sich gar sehr, wenn sie das Gegentheil glauben, und es können in der That zu unmittelbaren Wahlen nur Diejenigen rathen, welche entweder, von der Theorie befangen, den Gegenstand nicht richtig erwägen, oder Die, welche die Wähler zu sein, aber ihre ausdrückliche Ernennung dazu von Seiten der Urwähler zu ersparen wünschen.

Wir nehmen demnach an, dafs die 8 bis 10 Tausend Urwähler aus ihrer Mitte erst 80 bis 100 Männer (je 100 Einen) ernennen, denen sie die nöthigen Einsichten und Eigenschaften zutrauen, um für sie ihren Vertreter zu wählen.

§. 72.

Hiegegen pflegt man zu sagen, dafs dann die Vertreter nur aus dem Willen der 100 Wähler, nicht aus dem der Urwähler hervorgehen würden und dafs also dann der eigentliche Wille Dieser verfehlt werden könne.

Dieser und die noch etwa sonstigen Einwände gegen die mittelbaren Wahlen werden durch folgende Umstände widerlegt, die wir kurz zusammenstellen wollen, wenn auch dabei zum Theil das schon Angedeutete wiederholt werden mufs.

Erstlich. Da die 10000 Urwähler nicht alle gleichen Eifer und bei weitem nicht alle die zur Beurtheilung ihres Vertreters nöthige Einsicht besitzen, so ist es zunächst unmöglich, dafs sie selber den rechten Mann treffen, und es wäre blofser Zufall, wenn es geschähe. Es zwingt sie also schon die *Nothwendigkeit*, aus ihrer Mitte erst Diejenigen zu bezeichnen, von welchen die zur Wahl nöthigen Eigenschaften vorausgesetzt werden dürfen. Wie in allen menschlichen Dingen, die ja alle unvollkommen sind, mufs auch hier das erreichbare Gute an die Stelle des unerreichbaren Vollkommenen treten; das mögliche Bessere an die Stelle des unmöglichen Besten.

Zweitens ist es offenbar, dafs der Wille der Urwähler vollständiger wird erreicht werden, wenn sie ihr Wahlgeschäft Männern übertragen, die sie selbst dazu ernannten und von welchen sie sich also überzeugt halten, dafs deren Wille dem ihrigen gleich sei, oder doch ihm möglichst nahe komme, als wenn sie das Geschäft stillschweigend Denen überlassen, die sie nicht dazu wählten und die dann auf irgend eine Weise vielleicht nur ihren eigenen Willen durchsetzen.

Drittens ist das Mittel der Übertragung der Wahl nur das nemliche, welches in unzähligen andern Fällen nöthig und mit Recht auch allgemein üblich ist. So wie in Rechtsfällen Derjenige, welcher nicht hinreichende Rechtskenntnisse selbst besitzt, an einen Rechtskundigen sich wendet; der Kranke, welcher nicht Arzt ist, an einen Arzt; der Unternehmer eines Werks, zu welchem seine eigenen Kenntnisse nicht hinreichen, an einen Sachverständigen: so wendet sich auch sehr natürlich der Urwähler, welcher einsehen mufs, dafs ihm zur Beurtheilung Dessen, dem er mit Nutzen seine Vertretung zu übertragen habe, die nöthigen Kenntnisse und Einsichten fehlen, an Den, welchem er dieselben zutraut.

Viertens. Während es unmöglich ist, dafs 10 000 bis 20 000 Urwähler alle selbst wählen, ist es ganz möglich, dafs 100, und selbst 200 Wähler es thun; und sie müssen und werden es wirklich thun, da sie ausdrücklich dazu berufen sind und, wie billig, ihre Mühwaltung ihnen vergütigt wird.

Fünftens können 100 Wahlmänner sehr wohl alle den rechten Mann kennen und treffen: 10 000 und 20 000 aber nicht.

Sechstens endlich müssen die 10 000 oder 20 000 Urwähler am Ende doch wirklich den einen Mann, der in der Abgeordneten-Versammlung für sie eintritt, mögen sie selber ihn, oder durch die 100 Wahlmänner ernannt haben, für sich sprechen und wirken lassen, weil sie unmöglich alle selbst sprechen und wirken können; sie müssen also dem einen Mann ihren Willen übertragen; und dieser sein Auftrag ist noch viel wichtiger, als der der 100 Wahlmänner. Also geschieht die Ausführung des Willens der Urwähler doch immer jedenfalls durch *Beauftragte,* und folglich ist die *Übertragung* des Willens der Einzelnen jedenfalls unvermeidlich; das Ergebniſs aber kann nur dann das beste sein, wenn die Übertragung so geordnet ist, daſs aus ihr die geeignetsten Beauftragten hervorgehen können und müssen; was, wie vorhin dargethan, durch mittelbare Wahlen besser und sicherer geschieht, als durch unmittelbare.

§. 73.

Wie und nach welcher Regel werden nun die 100 Urwähler ihren Wahlmann zu wählen haben?

Es würde eben so wenig angemessen und gerecht, als für das Wohl der dürftiger Lebenden selbst, und folglich auch der Hand-Arbeiter vortheilhaft, vielmehr gerade umgekehrt Diesen wesentlich *nachtheilig* sein, wenn alle Urwähler an der Wahl *gleich gewichtigen* Antheil hätten, also einfach die Mehrzahl entscheiden sollte.

Erstlich. Unangemessen wäre es aus folgendem Grunde. Es kommt offenbar darauf an, nicht allein den redlichsten, sondern auch den einsichtigsten Wahlmann zu ernennen. Mag nun auch vorausgesetzt werden, daſs Alle die Redlichkeit und Uneigennützigkeit eines Mannes gleich gut zu beurtheilen im Stande seien, so sind sie es doch nur offenbar dann, wenn sie Alle ihn auch *gleich genau kennen.* Dies aber ist auch hier wieder niemals der Fall. Auch würden wohl immer noch manche Sonderrücksichten, Widerwille und Neid auf der einen, und Vorliebe, Verpflichtungen u. s. w. auf der andern Seite, so wie gar sehr die Überredung, die in der Masse leicht ist, ins Spiel kommen; wenn auch noch schlimmern Mitteln, die Stimmen zu lenken, vorgebeugt werden mag. Mithin können schon in dieser Rücksicht die Stimmen Aller unmöglich gleich viel gelten. Um aber ferner auch den Einsichtigsten durch die Wahl zu treffen, müfsten Alle selber auch gleich richtige Einsichten besitzen; und Dies ist wieder und bei weitem nicht der Fall. Mithin wäre es zunächst *unangemessen*, die Stimmen aller Urwähler gleich viel gelten zu lassen.

Zweitens. Gradezu *ungerecht* aber wäre es aus folgendem Grunde. Der Satz nemlich, dafs Dem, der wenig hat, sein Weniges eben so werth und theuer ist, als Dem, der Viel hat sein Vieles, und dafs folglich der Vortheil Beider gleich kräftig vertreten werden mufs, ist allerdings vollkommen richtig: aber, daraus zu schliefsen, dafs deshalb die Stimme eines Jeden bei der Wahl des Wahlmanns gleich viel Gewicht haben müsse, ist geradezu falsch. Denn Derer, die wenig besitzen, ist eine viel gröfsere Zahl, als die der Übrigen. Wenn nun die Stimmen Aller gleich viel gelten, so wird die Wahl auf einen Wahlmann fallen, der insbesondere den Vortheil der Wenigbesitzenden zu fördern sucht, und zwar, wie es ihm wohl am nächsten zu liegen scheinen wird, wie schon in (§. 70.) bemerkt, auf Kosten der Mehrbesitzenden; und da nun die Mehrzahl der ernannten Wahlmänner von dieser Art sein wird, so wird es auch die der Volksvertreter sein, und folglich werden dann nicht, wie es die Absicht war, Alle gleich kräftig, sondern vielmehr ungleich kräftig vertreten werden. Die weniger zahlreichen Mehrbesitzenden werden unbedingt und unverdient im Nachtheil sein; und das ist ungerecht. Denn so wie jedem Recht eine Pflicht gegenübersteht und ihm anhaftet (§. 31.), so hat auch jede Pflicht ein verhältnifsmäfsiges Recht. Also wenn der Mehrbesitzende, wie es billig ist, mehr Steuern zu zahlen verpflichtet werden soll, so hat er auch das Recht, verhältnifsmäfsig kräftiger vertreten zu werden, als der Andere;

das heifst, bei der Wahl der Vertreter eine gewichtigere Stimme zu führen, als der Dürftige, der Weniger beisteuert; abgesehen davon, dafs eine grofse Zahl der Dürftigen gerade durch die Mehrbesitzenden ihren Unterhalt gewinnt. Es ist mit der Gleichgewichtigkeit der Wahlstimmen gerade wie mit der gleichen Höhe einer Kopfsteuer, die Niemand für gerecht erkennen wird. Jene ist ein Recht, diese eine Pflicht, welche dem Recht gerade gegenübersteht; denn kein Recht giebt es ohne die Bedingung einer Pflicht. Nun frage man die Masse der Dürftigen, ob sie das Recht der Gleichgewichtigkeit ihrer Stimmen mit denen der Mehrbesitzenden unter der Bedingung verlangen, eben so viele Steuern zu bezahlen, als diese, und sie wird es zuverlässig ablehnen. Wählten die Begüterten allein, oder mit Übergewicht, so wäre dies gleichfalls ungerecht: aber eben so wenig dürfen auch Alle für gleich viel zählen; sonst sind die Stimmensummen der einzelnen Massen, da ihre Zahlen verschieden und sehr verschieden sind, *nicht* gleich. Vor dem Gesetz hat unbestreitbar der Einzelne dem Einzelnen gegenüber, sei er reich oder arm, vollkommen gleiches Recht: aber *gerade deshalb* können bei der Wahl der Volksvertreter die Stimmen der Einzelnen in einer zahlreicheren Masse nicht eben so viel gelten, als die der Glieder einer weniger zahlreichen Gesammtheit; denn sonst bekommt jene Gesammtheit vor dem Gesetz mehr Recht, als diese, und folglich auch der Einzelne in jener Gesammtheit mehr Recht, als der Einzelne in dieser. Die Gerechtigkeit wird nur dann geübt, wenn, wenigstens ungefähr, die verschiedenen *Massen* geich viel Stimmen haben. Und nur was gerecht ist, *besteht* für die Dauer. Alles was ungerecht ist besteht nicht, sondern endigt entweder durch sich selbst, oder, wenn etwa die Gewalt es aufrecht erhält, mit der Auflösung der Gesellschaft.

Drittens. Dafs es endlich dem wahren Wohle grade der Dürftigen keineswegs vortheilhaft, sondern ihnen vielmehr, grade umgekehrt, nachtheilig wäre, wenn die Stimmen aller Urwähler bei der Wahl der Wahlmänner gleich viel gelten sollten, liegt schon in dem Vorigen. Es würde unzweifelhaft nicht fehlen, dafs aus solchen Wahlen Volksvertreter in der Überzahl hervorgingen, die, wie schon wiederholt erinnert, nur allein, oder doch vorzugweise, die Dürftigen zu begünstigen suchen; und da sie meistens aus den Dürftigen selbst würden genommen sein, so würde es nur zu leicht geschehen, dafs sie das Wohl der Ihrigen dadurch zu fördern meinten, wenn sie die Übrigen auf alle Weise zu schmälern und möglichst deren Besitz den Dürftigen zuzuwenden, wohl gar unter sie zu vertheilen trachteten. Dies würde gewifs geschehen, da es der sehr grofsen Mehrzahl der Dürftigen zuverlässig an der richtigen Einsicht von der Möglichkeit des Bestehens der Gesellschaft und von den wahren Mitteln, das Wohl Aller, also auch ihr eigenes Wohl zu fördern, fehlt: an der Einsicht, dafs (um es nochmals kurz zusammenzufassen) ohne die Mehrbesitzenden und die Einsichtigeren die Dürftigen nur noch dürftiger sein würden; dafs, um Arbeit zu schaffen und nutzbar zu machen, Besitz (Capital) vorhanden sein und in den Händen Einzelner sich befinden mufs, und dafs, wenn auch wirklich der Besitz gleich vertheilt würde und vertheilt werden könnte, derselbe unfehlbar sehr bald wieder in den Händen Einzelner sich anhäufen würde, so dafs nur ein Wechsel der Personen der Besitzenden zu Wege gebracht wäre; was dann aber nichts anderes als Gewaltthat und Raub wäre, der, wiederholt ausgeübt, nur den Untergang der Gesellschaft zur Folge haben könnte. Das gleiche Stimmengewicht Aller bei der Wahl der Volksvertreter gereicht also, abgesehen von der Unangemessenheit und Ungerechtigkeit, durchaus auch nicht zum eigenen Vortheil der Dürftigen, sondern ist grade diejenige Wahlregel, welche sie ins sichere Verderben stürzt.

§. 74.

Damit Angemessenheit und Gerechtigkeit geübt und der wahre Vortheil Aller, also auch der Dürftigen erzielt werde, müssen demnach nothwendig die Übrigen um so viel Stimmen mehr zählen, dafs die verschiedenen ***Massen*** wenigstens ungefähr gleich vertreten werden. Nur erst dann ist ein wahres Gleichgewicht in der Vertretung für Alle vorhanden.

Es sind nun aber nicht etwa die Begüterten allein, welche Anspruch darauf haben, mit den Andern in Masse wenigstens gleich vertreten zu werden (streng genommen mehr, aus den obigen Gründen), sondern es sind noch zwei andere Classen da, die darauf ebenfalls Anspruch und sogar doppelten Anspruch haben. Es sind dies erstlich die ausgezeichnet wohlwollenden, uneigennützigen, guten Bürger; und zweitens die Einsichtigeren. Beide Arten finden sich ebensowohl unter den Dürftigen und Dürftigsten, als unter den Begüterten. Beide haben, berücksichtigt zu werden, einen doppelten Anspruch: deshalb, damit zunächst durch die Mehrzahl der Andern ihnen nicht Unrecht geschehe, und dann, weil gerade sie es sind, von welchen für die Förderung des Wohls Aller am meisten zu hoffen und zu erwarten ist.

§. 75.

Die Begüterten sind ohne Weiteres kenntlich: an ihren mehreren Ausgaben, und also an ihrer Steuer. Wir nehmen an, dafs, während die Dürftigen, also z. B. in (§. 58.) Die in der ersten und zweiten Classe, Jeder 1 Stimme haben, Jedem in der 3ten Classe 2, Jedem in der 4ten Classe 3, Jedem in der 5ten Classe 5 und Jedem in der 6ten und 7ten Classe 10 Stimmen zugestanden werden. Dieses giebt folgende Zahl von Stimmen:

Classe	Zahl der Stimmenden	Jährliche Ausgaben.	Stimmenzahl für Jeden	Thut Stimmen
1.	645 000	75 Thlr.	1	645 000
2.	1 200 000	150 -	1	1 200 000
3.	800 000	300 -	2	1 600 000
4.	550 000	600 -	3	1 650 000
5.	150 000	1200 -	5	750 000
6.	50 000	3000 -	10	500 000
7.	5 000	12000 -	10	50 000

Zusam. für 3 400 000 stimmende Personen 6 395 000 Stimmen.

Da sich nun füglich die 1te, 2te und 3te Classe zusammen als die der weniger behaglich Lebenden betrachten läſst und in diesen Classen auch insbesondere die Arbeiter sich befinden werden, während die 4te, 5te, 6te und 7te Classe zusammen die Begüterteren enthalten, so wäre auf die obige Weise das Gleichgewicht ungefähr hergestellt; denn die drei ersten Classen zählen 3 445 000, die vier letzten Classen 2 950 000 Stimmen.

§. 76.

In der Verschiedenheit der Stimmenzahl nach der Höhe der Steuer läge dann auch der in (§. 56. Drittens) gedachte Umstand, daſs die Steuerpflichtigen in manchen Fällen ihre Ausgaben eher zu hoch als zu niedrig angeben werden; nemlich in der Absicht, bei den Wahlen mehr Gewicht zu bekommen. Die unrichtige Angabe, die indessen sich beurtheilen und folglich beschränken läſst, wäre zwar allerdings nicht löblich, aber es werden immer unvermeidlich bei den Wahlen noch viel stärkere Unregelmäſsigkeiten vorkommen, welche dem Staate nicht versteuert werden; so daſs das Übel unter den vielen unvermeidlichen noch eines der gelindesten wäre, da es wenigstens zugleich etwas Gutes hat, nemlich die höhere Steuer.

§. 77.

Die Dürftigen haben nun nach der obigen Rechnung noch ein Übergewicht; welches weiter durch die ausgezeichneten Bürger und durch die Einsichtigeren gehoben werden müfste.

Diese sind nicht ohne Weiteres kenntlich und anerkennbar; denn in beiden Classen wird nur zu leicht der Schein statt der Wahrheit angetroffen werden; und der Schein, welcher sich geltend zu machen weifs, ist weniger werth, als gar keine Auszeichnung. Indessen dürfte es folgendes Auskunftsmittel geben.

§. 78.

Von allen den Männern nemlich, welche die Bürger unmittelbar selbst zu öffentlichen Ämtern gewählt haben, so wie nicht minder von den durch die Regierung Angestellten, darf zunächst irgend eine Auszeichnung in Rechtlichkeit und Einsicht vorausgesetzt werden; jedenfalls haben sie das Vertrauen des Landes. Jene sind, oder können sein: die Schullehrer, Prediger, Schulzen, Bürgermeister, Schöppen, Bezirksvorsteher, Stadtverordnete u. s. w. Diese sind die Regierungsbeamten. Allen Diesen, so wie (für die nächsten Wahlen) den von den Urwählern ernannten Wahlmännern, und für die künftigen Wahlen den von diesen ernannten Volksvertretern, lege man für die Urwahlen eine verhältnifsmäfsige Zahl von Stimmen zu denen zu, welche sie schon ihrer Steuerzahlung nach besitzen; z. B., um nur der Erstern näher zu gedenken, den Schullehrern und Pfarrern 1 bis 2 Stimmen, den Schulzen und Schöppen 1 Stimme, den Bezirksvorstehern 2, den Stadtverordneten und Stadträthen 2, den Bürgermeistern, nach der Gröfse der Stadt, 2 bis 10, den Wahlmännern 2, den Volksvertretern 10 Stimmen; den Regierungsbeamten nach ähnlichen Verhältnissen: Niemanden jedoch mehr als 10 Stimmen.

§. 79.

Wegen der Regierungsbeamten könnte man einwenden, das Volk meine, sie seien in ihrer Stellung nicht geeignet, zu der Förderung seiner Wünsche, wozu die Volksvertretung bestimmt sei, beizutragen, weil es die Volksvertretung selbst für eine Gegnerin der Regierung halte. Findet diese Meinung theilweise im Volke wirklich Statt, so ist sie offenbar unrichtig und kann nur künstlich erregt sein: denn, verschiedener Meinung über Das, was zur Wohlfahrt des Volks dient, können Volksvertretung und Regierung allerdings sehr oft sein, aber nimmer können sie, im geordneten und zum Frieden und zur Beharrung gebrachten Zustande des Staats, Gegner sein; das heifst, die eine kann nicht wollen, was dem Volke frommt, die andere nicht; vielmehr kann das Ziel beider nur das Wohl der Gesammtheit sein; und was aus der Vereinbarung beider hervorgeht, mufs nothwendig, wenn auch einzelne Parteien es nicht eingestehen wollen, diesem Ziele so nahe kommen, als es überhaupt bei der Unvollkommenheit aller menschlichen Dinge möglich ist. Und da nun die Beamten die Ausführer Dessen sind, worüber Regierung und Volksvertretung sich vereinigt haben, so ist kein Grund zu dem Argwohn vorhanden, dafs nicht auch sie ihrerseits das Wohl des Volks fördern zu helfen geeignet sein sollten.

Aber es ist auch (wenigstens im Allgemeinen) gar nicht wahr, dafs ein solcher Argwohn in der ruhigen und besonnenen Mehrheit des Volks Statt finde. Der thatsächliche Beweis davon ist, dafs schon jetzt von der grofsen Masse, mit ihren gleichgewichtigen Stimmen, sehr häufig Regierungsbeamte sogar zu Volksvertretern gewählt wurden; was deutlich zeigt, dafs selbst die grofse Masse nicht allein keinesweges den Regierungsbeamten durchaus abgeneigt sei, sondern dafs sie, wenn auch dunkel, so doch recht gut fühlt, dafs dieselben wegen ihrer mehreren Einsichten ganz wohl und mehr als Andere geeignet sind, das Wohl des Volks fördern zu helfen. Und da nun das Volk schon Regierungsbeamte sogar zu Volksvertretern geeignet erachtet hat, so kann es auch, folgerichtig, keinen Anstofs daran finden, wenn denselben auch schon bei den Urwahlen mehr als eine Stimme gegeben wird. Dafs übrigens das Zugeständnifs angemessen und zweckmäfsig sein würde, ist unzweifelhaft, weil die Beamten, wenigstens die Übergeordneten, nicht allein offenbar mehr Einsichten von Dem besitzen und besitzen müssen, was der Gesammtheit frommt, als die Einzelnen aus der grofsen Masse, deren Viele, und wohl die Meisten, nicht den geringsten richtigen Begriff von Dem haben und haben können, was Allen nützen kann, sondern auch, weil der Beamte, vermöge seiner Stellung, in der nächsten Nähe Das kennen lernt, was zu wünschen sein mag.

Also auch den Regierungsbeamten, von einer gewissen Stufe an, lege man dreist einige Stimmen zu der einen zu, die jeder jedenfalls hat, bis zu 10 höchstens, und es wird dies sicherlich nicht zum Schaden, sondern nur zum Nutzen des Volks gereichen.

§. 80.

Es giebt aber auch noch ferner in allen Ständen durch Bürgertugenden und Einsichten ausgezeichnete Männer, die kein öffentliches Amt bekleiden. Diesen mögen die Urwähler, mit ihrer verschiedenen Stimmenzahl, unabhängig von den Wahlen der Wahlmänner und lange vor denselben, auf den Vorschlag schon ausgezeichneter Männer, durch Wahl und Mehrzahl der Stimmen ebenfalls irgend eine Zahl von Stimmen zulegen, bis zur höchsten Zahl 10; und zwar auf *Widerruf,* wiederum durch Wahl, so wie durch gerichtliches Urtheil. Es wäre dies eine sehr ehrende Auszeichnung und ein schöner Lohn für Bürgertugenden und richtige Einsichten. Die Möglichkeit des Widerrufs aber wäre ein starker Antrieb für die Beehrten, sich die Auszeichnung zu erhalten. Die Anordnung würde in mehr als einer Rücksicht gute Früchte tragen. Denn zunächst würde, wie schon oft mit

Recht bemerkt worden, die Gesellschaft immer ungemein wohl thun, nicht blofs sehr aufmerksam zu strafen, sondern auch eben so aufmerksam das Gute und Rechte anzuerkennen und zu lohnen; und dann würde die Anordnung den grofsen Nutzen haben, dafs die Urwähler nur noch weniger zweifelhaft über Diejenigen sein können, welche sie zu Wahlmännern zu ernennen haben; so wie diese über Die, welche sich zu Volksvertretern eignen. Sie finden sich sehr natürlich vorzugsweise unter den durch den eigenen Willen der Urwähler schon ausgezeichneten Personen.

§. 81.

Nachdem so die Stimmen vertheilt sind, haben nun nach (§. 71.) z. B. je 100 Urwähler einen Wahlmann zu ernennen. Die 100 Urwähler werden jetzt mehr als 100 Stimmen haben, Derjenigen wegen, die nach (§. 75. 78. und 80.) mehr als eine Stimme führen. Und da hiedurch die Ungleichheit der Personenzahl in den verschiedenen Massen möglichst ausgeglichen ist, so kann nunmehr mit Recht die einfache Mehrheit der Stimmen entscheiden, und Derjenige kann als ernannt betrachtet werden, welcher die meisten und zugleich mehr als die Hälfte der Stimmen erhalten hat.

Vor der Wahl mögen die Einsichtigeren es übernehmen, der Versammlung die Wichtigkeit der Handlung und die Nothwendigkeit auseinanderzusetzen, einen Mann zu wählen, der nicht blofs unbescholten und redlich ist, sondern auch zugleich die nöthigen Eigenschaften und Kenntnisse besitzt, um gründlich zu beurtheilen, Wem er am besten seine Stimme für die Wahl des Volksvertreters zu geben habe. Die von den Urwählern schon vorher durch Zulage von Stimmen ausgezeichneten Personen müfsten sogar zu dieser Auseinandersetzung verpflichtet sein. Die Aufsicht auf die Wahl und die Handhabung der Ordnung bei derselben, obgleich ohne alle Einwirkung auf die Abstimmung selbst, wird immer am besten in den Händen der Orts-Obrigkeit sein.

Da es kommen kann, dafs die Urwähler ihren Wahlmann nicht aus ihrer Mitte zu nehmen wünschen, so dürfte zuerst dieser Fall zu berücksichtigen sein. Wer einen solchen Wahlmann wünscht, möge ihn vorschlagen und es werde dann über den Vorschlag auf die gewöhnliche Weise durch weifse und schwarze Kugeln abgestimmt. Eben so, wenn mehrere solche Wahlmänner vorgeschlagen werden. Erhalten mehrere mehr als die Hälfte der Stimmen, so ist derjenige, welcher die meisten Stimmen hat, als erwählt zu betrachten, insofern bei der nun folgenden Wahl eines Wahlmannes aus der Mitte der Urwähler keiner mehr, oder auch nur eben so viel Stimmen erhält. Dieser zweite Erwählte dürfte dem ersten vorgehen, weil vorauszusetzen ist, dafs die Urwähler ihn genauer kennen, als den Fremden; der aufserdem, wenn er gleichwohl den Vorzug verdient, auch wohl noch von Andern, oder in seinem eigenen Bezirke wird ernannt werden.

Da bei der zweiten Wahl durch die laute Nennung der Namen, oder auf sonst eine Weise, welche die Stimmenden kenntlich macht, insbesondere Leidenschaften aufgeregt werden könnten, so wird hier das verdeckte Abstimmen das bessere sein; denn nur dadurch bekommt Jeder wirklich die vollkommene Freiheit seiner Meinungs-Äufserung. Dieses verdeckte Abstimmen könnte etwa auf folgende Weise geschehen. Es werde ein Kasten aufgestellt, mit so viel Fächern als stimmende Personen vorhanden sind, also z. B. mit 100 Fächern, auf welchen oben die Namen der Stimmenden nach der Ordnung der Anfangsbuchstaben geschrieben stehen. Jedem Stimmenden gebe man so viele weifse Kugeln, als ihm zukommen. Die Stimmenden treten dann nach einander und wiederum nach der Reihe der Anfangsbuchstaben ihrer Namen an den Kasten, und es legt, ungesehen, jeder seine Kugeln in das Fach Desjenigen, welchen er wählt. Damit Niemand sich selber seine Stimme geben könne, wird, ehe er zu dem Kasten hintritt, das mit seinem Namen bezeichnete Fach oben verschlossen. Ergeben sich durch diese Abstimmung noch für Niemand mehr als die Hälfte der Stimmen, so wird die Wahl für diejenigen 10 Personen, welche die meisten Stimmen erhalten haben, wiederholt; und zwar nachdem die Kastenfächer Derjenigen, welche die wenigsten Stimmen hatten, verschlossen worden sind; übrigens ganz so wie das erstemal. Fände sich etwa zufällig, dafs zu den 10 Personen, welche die meisten Stimmen hatten, wegen Gleichheit der geringsten Stimmenzahlen noch andere aufser den zehn bei der neuen Wahl berücksichtigt werden müfsten, so müfste es geschehen. Von Denen, welche bei der zweiten Wahl die meisten Stimmen erhalten haben, würden ferner nur die zwei, welchen die gröfste Stimmenzahl zufiel, zu berücksichtigen sein, und zwischen diesen beiden entscheidet dann die letzte, dritte Wahl nothwendig, weil immer wieder alle Kugeln eingelegt werden. Hie und da wird wohl schon die erste Wahl entscheiden, indem schon einer Person mehr als die Hälfte der Kugeln zufiel; gewöhnlich wird wenigstens die zweite Wahl erspart werden und nur die dritte nöthig sein.

§. 82.

Die ernannten 100 Wahlmänner haben nun nach (§. 71.) weiter einen Volksvertreter zu ernennen.

Da die wegen der Verschiedenheit der Zahl in den Massen zu besorgende Ungleichheit der Vertretung durch die obige Vertheilung der Stimmen möglichst gehoben ist, so ist hier kein besonderer Grund vorhanden, den Wahlmännern etwa abermals, noch für diese Wahl besonders, wieder ungleich viel Stimmen beizulegen; aber es wird ganz angemessen sein, Jeden mit derjenigen Stimmenzahl, die ihm persönlich zukommt, stimmen zu lassen; denn daraus entsteht für die Urwähler eine Aufforderung mehr, zu ihren Wählern nur vorzugsweise schon betraute Personen zu ernennen. Die einfache Mehrheit der Stimmen entscheidet dann. Die Wahl selbst könnte wieder in allen Puncten ganz auf dieselbe Weise geschehen, wie in (§. 81.) beschrieben.

§. 83.

Es kann so zwar immer noch kommen, dafs bei aller Gewissenhaftigkeit der Wahlen aus denjenigen Gegenden, wo die Beschäftigung der Einwohner weniger verschieden ist, Vertreter zur Versammlung ernannt werden, die nicht für Alle gleich besorgt sind und die auch vorzugsweise nur von der vorwaltenden Beschäftigung gute Einsichten haben. Zum Beispiel ein Bezirk auf dem platten Lande, welcher keine Stadt mit bedeutendem Gewerbe einschliefst, wird wahrscheinlich zunächst meistens Wahlmänner ernennen, die insbesondere den Ackerbau berücksichtigen; und da ihrer vielleicht die Mehrzahl sein wird, so werden diese Wahlmänner auch weiter einen Vertreter senden, der ebenfalls insbesondere nur vorzugsweise des Ackerbaues kundig und dessen Vortheil wahrzunehmen bemüht ist. Aus Fabrikstädten und Fabrikgegenden wird aus dem gleichen Grunde wahrscheinlich ein Mann gesendet werden, der insbesondere der Fabrication sich annimmt; aus Handelsstädten ein einsichtiger Kaufmann u. s. w. Dieser Umstand würde für die Ergebnisse der Berathungen der Versammlung der Vertreter nachtheilig sein, da in dieser Versammlung eigentlich lauter Männer zu wünschen sind, die das Wohl Aller gleich sehr zu fördern und es zu vereinbaren vermögen und die also auch in allen Fächern zureichende Einsichten besitzen müssen. Um diesen Übelstand zu heben, werden sich die Vertreter in Gruppen für die verschiedenen Fächer theilen müssen. Wie diese Gruppen zusammen- und wie weiter die Vertreter-Vereinigung zu wirken haben werde, wollen wir nicht weiter erörtern, da es dem Hauptgegenstande dieser kleinen Schrift schon entfernter liegt.

§. 84.

Zu bemerken ist, dafs es noch ein anderes Mittel zu geben scheint, die verhältnifsmäfsige Gleichheit der Vertretung Aller zu erzielen; nemlich das Mittel, die verschiedenen *Stände* der Staatsgenossen einzeln und gesondert ihre

Vertreter zur Versammlung senden zu lassen. Allein dieses Mittel ist einestheils kaum ausführbar, weil die Stände gar nicht streng gesondert und begrenzt sind, indem gar Viele mehreren Ständen zugleich angehören: anderntheils würde es, wenn es auch ausführbar wäre, oder man die Stände so gut es geht sonderte, grade dieser Sonderung wegen nicht zu empfehlen sein, weil es darauf ankommt, nicht die verschiedenen Gruppen des Volks zu sondern und zu scheiden, sondern vielmehr, sie möglichst mit einander zu verschmelzen.

§. 85.

Die möglich-beste und angemessenste Anordnung der Wahlen der Volksvertreter wäre das Nächste, was nöthig und auch ohne Weiteres ausführbar sein dürfte, um, der Regierung zu Hülfe, zu einer dem Volke heilsamen Volksvertretung zu gelangen. Aber bloſs die gute Anordnung der Wahlen genügt noch nicht; sie ist erst der Anfang, der erste Schritt des Nöthigen zu einer wirklich guten verfassungsgesetzlichen (constitutionellen) Staatsordnung. Sie kann nimmer genügen, so lange nicht Männer in hinreichender Zahl *da sind,* welche gewählt werden könnten und sollten; und Dies ist, wie sich dreist sagen läſst, jetzt nicht der Fall. Ohne allen Zweifel giebt es eine *sehr* groſse Zahl *sehr* unterrichteter, in den einzelnen, auch wohl in mehreren Fächern zugleich ausgezeichneter, dabei welterfahrner, denkender, selbst höchst geistreicher und wohlwollender, redlicher Männer: aber alle diese Eigenschaften genügen noch immer nicht ganz zum Volksvertreter, wie er sein sollte und auch wirklich sein könnte. Es kann Jemand in seinem Fach höchst bewandert und dabei geistvoll und erfahren sein: aber er ist deshalb noch kein Staatswirth, und noch weniger ein Staatsmann. Sogar grade Der, welcher sich in seinem Fach auszeichnet, kann eben dadurch am wenigsten zum Volksvertreter passen: denn, in sein Fach mit Vorliebe eingedrungen, kann er nur zu leicht, ohne es selbst zu ahnden, sich verleitet finden, die

Grundsätze dieses seines Fachs und die Art danach zu denken und zu handeln auf die Staatskunst zu übertragen; und da kann Dies eben so wenig passen, als z. B. eine Theorie auf die Ausübung, oder auch das eine Fach auf das andere. Wenn z. B. der Rechtskundige seine an sich vollkommen gute und richtige Gewohnheit, überall von dem einmal festgestellten bestimmten Recht, von dem vorhandenen Gesetz auszugehen und sich, wie man es nennt, überall auf den Rechtsboden zu stellen, auf die Staatskunst, die er als Volksvertreter üben soll, anwendet, so kann Dies sehr leicht grade unrecht sein: denn hier giebt es gleichsam noch kein bestimmtes Recht, sondern die Volksvertretung soll erst das bestimmte Recht und die Gesetze schaffen, oder, wo es nöthig ist, ändern helfen. Wenn der Gelehrte seine abgezogenen allgemeinen Untersuchungen und Begriffe in die Staatskunst überträgt, kann umgekehrt wieder dem Vorhandenen, der Wirklichkeit und der Erfahrung, leicht zu wenig Rechnung getragen werden und es können ungeprüfte Theorieen an die Stelle des Ausführbaren und wirklich Heilsamen treten. Wenn der geistreiche, wohl unterrichtete und erfahrne Gewerbsmann, Kaufmann, Landwirth u. s. w. den Staatswirth und Staatskünstler machen soll, so wird er beim besten Willen die Wichtigkeit der Gegenstände seines Fachs gegen die andern vielleicht zu hoch stellen; er kann beinahe nicht anders, weil er die andern nicht in gleichem Maafse genau kennt; u. s. w. Die Staatswirthschaft, und vollends die Staatskunst, sind zu weit umfassende, eigene, für sich bestehende Wissenschaften, als dafs sie ohne längere gründliche Vorstudien erst schnell erfunden werden könnten. Sie erfordern unvermeidlich eine eigene, erst mehrere Jahre lang fortgesetzte Erlernung und Ergründung, ja selbst Erfahrung durch die Ausübung; und gewifs ist es, dafs jetzt nur wenige Personen diese Übungen gemacht haben: sehr natürlich, weil die Nothwendigkeit davon und der Beruf dazu nicht vorhanden war.

Damit also eine Staatsverwaltung mit Einwirkung einer

Volksvertretung allmälig wirklich zu demjenigen Grade von Heilsamkeit und Vervollkommnung gelange, den sie in der That ganz füglich und wirklich zu erreichen vermag, wird es nöthig sein, dafs schon auf den Hochschulen junge Männer zu künftigen Volksvertretern sich heranbilden und dort alle diejenigen Kenntnisse sich zu eigen machen, welche der künftige Volksvertreter, das heifst der Staatsmann, besitzen mufs. So wie Ähnliches in andern Fächern nöthig ist, ist es das offenbar auch in dem eigenthümlichen Fache der Staatskunst. Zu den Kenntnissen des Staatsmannes gehört vor Allem die Staatswirthschaftskunde, welche schon durch reichliche Vorarbeiten und Erfahrungen zu einem erfreulichen Grade der Vollkommenheit gelangt ist und sich, eben durch die allgemeinere Verbreitung und Übung, ohne Zweifel bald noch weiter vervollkommnen wird. Sodann die eigentliche Staatskunst, in dem Sinne, dafs sie alles Das umfasse, was nöthig ist, um zu wissen und einzusehen, wie und durch welche Mittel, Gesetze und Einrichtungen die Völker in sich und die verschiedenen Stände, desgleichen die Völker einander gegenüber am besten bestehen und im Wohlsein fortschreiten können. So gehört auch eine *allgemeine* Kenntnifs der verschiedenen einzelnen Fächer: der Rechtskunde, der Kriegskunde, des Landbaues, der Gewerbe, des Handels u. s. w. zur Staatskunst; besonders ein gründliches Studium der Geschichte; vorzüglich in Rücksicht auf Verwaltung und auf die sittliche und geistige Entwicklung der Völker. Selbst längere Reisen in den verschiedenen Ländern dürften zur Bildung des künftigen Staatsmannes wesentlich nützlich und nöthig sein. Fehlt es etwa an einer hinreichenden Zahl von Lehrern der Staatskunst, so berufe man sie für den Anfang aus andern gröfseren Staaten, in welchen diese Wissenschaft schon länger verbreitet und geübt worden ist. Späterhin und bald wird dies nicht mehr nöthig sein.

Es dürfte aber nicht eben nothwendig, selbst nicht einmal gut sein, dafs junge Männer ausschliefslich dem Staatsfach sich widmen. Der künftige Volksvertreter mag erst irgend ein besonderes Fach sich zu eigen machen; wobei er dann auch schon zu den vorbereitenden allgemeinen Kenntnissen, z. B. auch zu der älterer und neuerer Sprachen gelangen wird, und hierauf erst noch einige Jahre weiter der Staatskunst und den Reisen widmen. Hat er etwa im 25ten Lebensjahre das Studium des besondern Fachs vollendet, so wird er im 30ten Jahre auch das der Staatskunst, so wie die nöthigen Reisen zurückgelegt haben. Er mufs dann, ähnlich wie in seinem besondern Fach, auch in dem Staatsfach eine strenge Prüfung bestehen. Hierauf mag er einstweilen wenigstens noch 5 Jahre im bürgerlichen Leben, oder auch im Staatsdienste zubringen, und endlich vom 35ten Lebensjahre an zum Volksvertreter wählbar sein. In diesem Sinne ist es sogar gut, wenn der Reichskammer-Anwart, neben und vor der Staatskunst, noch einem besondern Fache sich gewidmet hat; denn dies wird ihm dann nicht allein, sowohl vor dem Eintritt in die Kammer, als auch nach dem etwaigen Wieder-Austritt aus derselben, wo es nöthig, die Mittel zu seinem Bestehen und den Ersatz der Kosten seiner Bildung, sondern auch durch sein öffentliches Leben und Wirken die Gelegenheit gewähren, dem Volke und den Wählern bekannt zu werden. Um eine hinreichende Zahl von jungen Männern zu bewegen, neben einem besondern Fach auch noch die Staatskunst zu erlernen, so wie, um ihnen die vermehrten Kosten ihrer Bildung zu ersetzen, würde es billig und nöthig sein, ihnen nicht allein einen angemessenen und lohnenden Gehalt in den Kammern, sondern auch eine bleibende Vergütigung nach dem etwaigen Austritt aus derselben, z. B. im Betrage des zehnten Theils des Gehalts für jede dreijährige Kammersitzung, in Aussicht zu stellen. Ihre Sache ist es dann, nun auch noch dem Volke durch ihr öffentliches Leben und Wirken zu zeigen, dafs es wirklich zu ihren Vertretern sie zu wünschen Ursach habe. Dann aber sei es Verfassungsgesetz, dafs, sobald eine zur freien Auswahl hinreichende Zahl von so eigends gebildeten Kammer-

Anwarten vorhanden ist, nur sie *ausschliefslich*, und zwar für die erste Kammer, wählbar seien. Auch für die zweite Kammer mögen sie es sein; aber hier nicht ausschliefslich, sondern nur etwa vorzugsweise. Die Beschlüsse der zweiten Kammer müfsten ferner nur dann erst gültig sein und zur Entscheidung der Regierung gelangen, nachdem die erste Kammer sie gebilligt hat. So bekäme die erste Kammer ihren rechten Sinn, während die zweite insbesondere die Bestimmung hätte, aus ihrer noch unmittelbareren Bekanntschaft mit den Bedürfnissen und Wünschen des Volks, dieselben kund zu geben und sich darüber, das Besondere mit dem Wohle Aller ausgleichend, zunächst zu vereinigen. Übrigens würde durch die beschriebene Anordnung die Bedingung, dafs das Volk selbst seinen Antheil an der Gesetzgebung und Verwaltung bekomme, ganz vollständig erfüllt werden. Denn beide Kammern wären immer wahre, echte und rechte Volkskammern; sie wären völlig frei vom Volke erwählt, aber aus Männern, die sein Wohl fördern zu helfen in jedem Sinne wirklich geeignet sind.

Es scheint kaum noch eines Beweises zu bedürfen, dafs erst so, und nur erst so, die Volksvertretung wirklich zu Demjenigen gelangen könne, wozu sie bestimmt ist: nemlich das Heil des Volks wirklich fördern zu helfen, und zwar das Heil Aller, nicht blofs einzelner Stände auf Kosten der andern; so wie auch kaum des Beweises, dafs dies Alles ohne Schwierigkeit allmälig wirklich ausführbar sein würde.

Eine Volksvertretung ist ohne allen Zweifel in hohem Grade nützlich; aber auch nur dann, wenn sie mit Sicherheit in die Hände von Männern kommt, die nicht blofs den guten Willen haben, das Wohl des Volks zu fördern, sondern die auch vollständig alle die Kenntnisse der Mittel besitzen, welche dazu dienen und welche ausführbar sind. Anders können die Volkskammern leicht entweder überflüssig sein und nur vergebliche Kosten machen, oder ihr Thun und ihre Wirkung kann nur mehr darin bestehen, die Kraft der Regierung zu schwächen, oder einzelne Stände zu begünstigen, und sie können dann nur zu leicht, statt Nutzen, Unzufriedenheit und Schaden stiften.

Über Freiheit der Presse, Volksversammlungsrecht und allgemeine Bewaffnung.

§. 86.

Es ist bis hierher Einiges von Dem auseinandergesetzt worden, was zu thun oder anzuordnen sein dürfte, um den Zustand der Arbeiter, so wie der Dürftigen überhaupt, gründlich und auf die Dauer zu verbessern. Auch die ersprieſsliche Anordnung der Wahlen der Volksvertreter gehörte dazu. Es giebt aber auch noch Manches, was zu demselben groſsen Zweck zu unterlassen, oder da, wo es etwa schon Platz gegriffen hat, zu ändern nöthig sein dürfte, weil es der Wirkung Dessen, was zu thun ist, hinderlich sein, oder sie wieder vernichten würde. Um den Gegenstand einigermaaſsen zu erschöpfen, müssen also, ehe wir zu dem noch Übrigen kommen, auch darüber noch einige Worte gesagt werden.

Was dem Zwecke, den Zustand der Arbeiter und der Dürftigen neben den übrigen Staatsgenossen zu verbessern, entgegen ist, sind insbesondere einige von den Dingen, die aus dem Miſsverstehen oder aus der unrichtigen Deutung des Ausspruchs „der Wille des Volkes sei höchstes Gesetz" hervorgingen. Miſsverstanden wird dieser Ausspruch, wenn man damit meint „der Wille des Volks rücksicht„lich der *Mittel,* sein Wohlsein zu erlangen, müsse „unbedingt erfüllt werden." Die richtige Deutung heiſst: „Der Wille des Volks, *glücklich zu sein,* ist höch„stes Gesetz." In der zweiten Deutung ist der Satz unbestritten und vollkommen richtig; in der andern ist er es nicht. Daſs dem Ersteren so sei, bedarf keines Beweises.

Das Letzte folgt schon von vorn herein daraus, dafs der Satz in der ersten Deutung eigentlich nur in leeren Worten besteht, die keinen bestimmten Sinn haben. Denn da es wohl ganz unmöglich sein dürfte, dafs eine grofse Menge Menschen von der verschiedensten Art über die Mittel ihrer aller Wohlsein zu erzielen einig werden, indem Diese Dies, Andere Anderes, vielleicht das Entgegengesetzte verlangen werden: so erfährt man gar nicht einmal, welches denn eigentlich der Wille des Volkes sei; und folglich kann derselbe auch nicht zur Ausführung gebracht werden. Wird aber die unrichtige Deutung des Satzes etwa dadurch zur Geltung gebracht, dafs man Etwas, was für den Willen des Volks genommen werden soll, auf irgend eine Weise herauszubringen sucht, sei es durch Mehrheit der Stimmen der Einzelnen, oder durch eine Mehrheit von Gruppen, durch Überredung, oder wie sonst: so wird der Satz doch immer noch nicht befolgt; denn was herausgebracht wurde, wäre immer nicht der Wille des Volks, sondern nur der Wille eines Theils desselben, oder wohl gar nur der Wille Einzelner.

Aber jenes Mittel, das Unmögliche dadurch möglich zu machen, dafs man den Willen der Mehrzahl, oder auch nur einer grofsen Zahl Einzelner (dem Anderer, in vielleicht noch gröfserer Zahl, die geschwiegen haben, gegenüber) für den Willen des Volks gelten läfst, kann leicht Etwas erzielen, was der richtigen Deutung des obigen Satzes geradezu entgegen ist, indem es nicht das Rechte und nicht Das ist, was wirklich das Glück des Volks, das heifst, das Wohlsein Aller zugleich fördert. Denn in Dingen, welche Kenntnisse und Einsichten, und vor Allem ein parteifreies Urtheil erfordern (und dies ist offenbar nöthig bei der Bestimmung der Mittel zum Wohle Aller), verstärkt die Menge der Stimmen keinesweges die Bürgschaft für das Rechte. Einzelne Einsichtige und Unparteiische können das Rechte sicherer treffen, als Hunderttausende. Durch alle Jahrhunderte hindurch ist das Gute, Rechte und Wahre, überhaupt das Wohl des Menschengeschlechts, immer nur durch einzelne Einsichtige gefördert worden, die nicht einmal stets die Meinung der Massen zu Hülfe nahmen, sondern sie vielmehr änderten und bestimmten.

In der That sind ja, ganz einfach und im Allgemeinen erwogen, der Fälle nur zu viele, wo die übereinstimmende Meinung, selbst einer *sehr* grofsen Menge von Menschen, nicht das Rechte trifft, und wo sie auf einem offenbaren Irrthum sogar fest beharrt. Zum Beispiel, Millionen von Menschen (in America) verlangen die Fortdauer der Sclaverei: gleichwol ist dieser Wille eine wahre Schmach für sie selbst und für das ganze Geschlecht. Millionen sind dem Aberglauben dieser oder jener Art ergeben, und dennoch ist er ein Irrthum. Millionen halten den Branntwein nicht für schädlich, und dennoch ist er es. Millionen sind dem Leichtsinn und den Ausschweifungen ergeben, und dennoch gereichen sie zu ihrem eigenen Verderben. Für viele Millionen ist der Eigennutz oberste Regel ihres Thuns, und gleichwohl führt der Eigennutz keinesweges zum wahren eigenen Nutzen. U. s. w.

Die Menge der Stimmen verbürgt, wie gesagt, keineswegs das Rechte, und wenn man den Willen einer Menge, und selbst der Mehrheit der Zahl, über die Mittel, das Wohl des Volks zu erzielen und zu fördern, für den Willen des Volks nimmt und ihn nach dem falschen Satze, der Wille des Volks sei in diesem Sinne höchstes Gesetz, zur Ausführung bringt, kann es leicht kommen, dafs Das, was er zur Folge hat, dem richtigen Satze: der Wille des Volks glücklich zu sein ist höchstes Gesetz, geradezu entgegenläuft.

Von den Dingen der Art, wo eine grofse Menge im Volk Etwas für nützlich hält, was das Wohl Aller nicht fördert, und also auch der Lösung der Aufgabe, den Zustand der Arbeiter zu verbessern, widerstrebt, dürften nun insbesondere folgende zu berücksichtigen sein.

§. 87.

Erstlich. Millionen verlangen die Unbeschränktheit der Presse: aber warlich! diese Unbeschränktheit gehört nicht zu den Mitteln, das Wohl des Volks zu fördern, sondern kann am Ende nur sein Verderben herbeiführen.

Die Presse ist eine Macht, ein kräftiges Mittel, Gutes zu stiften, aber, gemifsbraucht, auch Böses; gleich einer scharfen Waffe, die zur Abwehr und Bändigung der Feinde dienen, gemifsbraucht aber auch unsägliches Unheil stiften kann. Wie die Erfahrung lehrt, hat die Presse Beides gethan.

Sie hat, zum Guten, das Wissen gefördert, verbreitet und allgemeiner nutzbar gemacht. Sie hat, wo sie Gutes stiften wollte, Wahrheit, Sittlichkeit und Religiosität gefördert, Aberglauben, Wahn und Irrthum zerstreut, die Gesinnungen geläutert und veredelt, die Begriffe berichtigt, also zur Aufklärung der Menschen, im wahren Sinne des Worts, kräftig beigetragen; sie hat dadurch die Sitten gemildert, die Ausbrüche der Eigensucht in Gewaltsamkeit und Unterdrückung gemindert und folglich die wahre Freiheit und Gleichberechtigung Aller, ihr Wohl durch eigene Kraft, wie es irgend ohne Schädigung Anderer möglich ist, zu erhöhen, kräftig verwirklichen geholfen.

Aber ihr Mifsbrauch hat auch Böses, und dessen leider! fast noch mehr gethan; besonders in den Massen der Völker und da, wo er ungezügelt wirken durfte. Schon früher, und seit wohl hundert Jahren, damals selbst noch mehr oder weniger gezügelt, hat der Mifsbrauch der Presse dahin gestrebt, Sitte und Religion zu untergraben. Er hat sich, statt die Verfälschung der Religion durch den Aberglauben und durch menschliche Satzungen in den Kirchen zu bekämpfen, wissentlich und unwissentlich bestrebt, die Religion selbst hinwegzureden und an die Stelle des Gottesdienstes den schmählichen Götzendienst des eigenen Ichs zu setzen. Er hat, statt die Sitten zu reinigen und sie von der Wildheit, oder von dem heuchlerischen Knechtssinn zu befreien, leichtsinnig die Sittlichkeit selbst zu untergraben und die rohe Sinnlichkeit an ihre Stelle zu bringen, an die Stelle des Seelenwohlseins zerstörende geistige und körperliche Ausschweifungen zu empfehlen und dadurch die Menschen, statt sie zu erheben, schmachvoll herabzuwürdigen sich bestrebt. Er hat, statt durch das wahre Schöne die Gemüther zu veredeln, mit allem Schmuck der Rede und der Dichtung die Einbildungskraft und die Herzen schon von Jugend an vergiftet. Er hat, statt gegen eigensüchtige Übergriffe der Gewalten und gegen die Unterdrückung zu kämpfen, die Kraft jeder Obrigkeit, auch für das Gute und Rechte, z. B. durch Empfehlung der Theilung der ausübenden Macht unter Viele, zu schwächen und zu untergraben gestrebt. Er hat so, statt der Ordnung die Unordnung gefördert, an die Stelle der Gesetze die Willkür, an die Stelle der wahren Freiheit die Zügellosigkeit, an die Stelle der Gleichheit der Berechtigung Aller, für sich ohne die Schädigung Anderer zu erwerben, mit seltsamer Verwechslung der Begriffe, eine Gleichheit der Rechte Aller auf das Erworbene, auch auf das Erworbene Anderer zu setzen gesucht, u. s. w. Auch an Bestrebungen des Mifsbrauchs der Presse nach der entgegengesetzten Seite hin hat es nicht gefehlt. Es ist auch vorgekommen, dafs die Presse statt des Bürgerthums das Kastenwesen und die Leibeigenschaft ohne Eigenthum, die bewufstlose Unterwürfigkeit, die Demüthigung und die Rohheit statt der Sitte, den Aberglauben, die Selbstpeinigung und die gottesdienstähnliche Verehrung anderer als des höchsten Wesens als Religiosität gepredigt hat; und das Alles schon, als der Mifsbrauch der Presse noch gezügelt war. Entzügelt hat er sein Bestreben nach der ersten Seite hin, nemlich zu zerstören und aufzulösen, bis auf die Spitze getrieben. Er hat nunmehr, und zwar durch die Tageblätter auf die Massen wirkend, offen und geradezu ausgesprochen, was seit langer Zeit vorbereitet war; etwa in Sätzen wie diese: „Eigenthum ist Diebstahl; die Familienbande sind unsittlich, „und Gott ist eine Erfindung der Reichen, um die Kräfte der

„Armen auszubeuten." Es ist ihm gelungen, Hunderttausenden, wenn nicht Millionen, jene Sätze oder Ähnliches aufzureden; und die Getäuschten sind davon so durchdrungen worden, dafs sie dafür ihr Leben einsetzten. Läge die Thatsache nicht in der neuesten Zeit vor Augen, so würde es fast unbegreiflich und unglaublich scheinen, wie es möglich war, vernünftige Wesen zu überreden, mit eigenem Willen dem Schönsten und Theuersten, was der arme Mensch hat: den Früchten des eigenen Fleifses, dem einzigen wahren Glück, dem am eigenen Heerde, der Ahnung von etwas Besserem als dem Bösen und dem Streben danach zu entsagen, also all' ihr Heil selbsttödtend zu vernichten.

Aber die Möglichkeit davon begreift sich wohl. Es kommt ja nur darauf an, wunde Stellen zu berühren und statt der ruhigen Vernunft die Leidenschaften in Anspruch zu nehmen. Man sage nur dem Armen, dem im Schweifse seines Angesichts Darbenden, etwa in der ihm dunkeln Redefigur: das Capital drücke die Arbeit, täglich vor, die Besitzenden seien es, die ihn unterjochen, und er könne recht gut und müsse höheren Lohn für weniger Arbeit erhalten; er habe eben soviel Anspruch auf das Erworbene, als Die, in deren Händen es sich befindet; — er glaubt's bald; denn man verschweigt ihm, dafs sein Zustand nur dann wirklich verbessert werde und nur dann wirklich zu verbessern möglich sei, wenn zugleich Andern nicht geschadet wird, und dafs gegentheils, wenn dem Besitzenden genommen wird was er hat, der Arme nur noch ärmer wird. Man sage ihm vor, er könne eigentlich thun, was ihm beliebe, und wer ihn daran hindere, unterdrücke ihn; — er glaubt's gern; denn man verschweigt ihm, dafs, wenn er thut was ihm beliebt, der Andere es auch thun dürfe und dafs daraus nothwendig ein Kampf Aller gegen Alle entstehen mufs. Man sage der Masse vor, sie eigentlich sei der Gebieter, die Obrigkeit hange von ihr ab; — es schmeichelt ihrer Eitelkeit und sie glaubt's; denn man verschweigt ihr, dafs das doch (an sich überhaupt ein

Widerspruch) wesentlich nur auf einen steten Wechsel der Herrschaft, auf eine Übertragung der Macht auf andere Personen hinauskommen würde, und zwar auf einen sehr schlimmen Wechsel, sehr bald aber auf gänzliche Auflösung der Gesellschaft und wechselseitige Vernichtung. Oder auch nur: man sage der Masse vor, Jeder könne recht gut und gleich gut urtheilen, was Allen fromme und also danach seine Vertretung sich wählen; — es schmeichelt wieder ihrer Eitelkeit, und sie glaubt's; denn man verschweigt ihr, dafs mehr dazu gehört, zu wissen, was Allen, als was der einzelnen Person frommt und dafs also Alle unmöglich dieses Wissen besitzen können, indem gar Viele kaum wissen, was ihnen selbst dienlich ist. Man sage ihr, die Sittlichkeit sei nur unnützer und lästiger Zwang, die Familie nur hergebrachte Satzung, alles Das nur Beschränkung der Freiheit; im sinnlichen Genufs allein bestehe das Wohlsein, in der Willkür die wahre Freiheit; Fortdauer, Vergeltung und eine Weltregierung seien blofser Wahn schwacher Köpfe; — sie glaubt's nur zu bereitwillig; denn man verschweigt ihr, dafs sie mit ihrem Sinnendienst grade ihr wahres Lebensglück, ja ihre Körper selbst zerstört, dafs sie durch die Willkür grade zu Sclaven der Andern, Stärkern wird und dafs sie durch die den Geist verläugnende wirkliche Schwäche des Kopfs die Menschenseele, welche die Natur an der Spitze der Wesen zu stehen bestimmte, einem bald, oft noch lebend schon verwesenden Häufchen Masse Unterthan macht, also sich selber bis unter den schnödesten Wurm hinabsetzt; der wenigstens sicher ist, nicht in einen ähnlichen scheuslichen Frevel gegen sein eigenes Wesen zu verfallen.

Auch die Möglichkeit davon, dafs das nach der einen oder der andern Seite hin ausschreitende Unrichtige vielen Solchen einzureden möglich war, deren Einsichten sich über die der Masse erheben und mit deren Hülfe dann mittelbar der Irrthum noch wirksamer in die Massen eindringt, ist leicht zu erklären. Nie und nirgends nemlich hat es an Unzufriedenen gefehlt, und nie wird es daran fehlen, selbst wenn die gesellschaftliche Ordnung die allerbeste wäre, die nur unter Sterblichen irgend möglich ist. Nicht die Meisten gelangen zu der ernsten Überzeugung, dafs alles Menschliche nothwendig unvollkommen ist, dafs also nirgend das Vollkommene zu verlangen sei, sondern nur Das, bei welchem die Übel, die ihm anhangen, Eines mit dem Andern ausgeglichen, die möglich geringsten sind. Fast liegt es ja beinahe in der menschlichen Natur, Alles, was nicht gerade aus der eigenen Meinung entspringt, lieber zu tadeln und verdrängen, als es zu loben und stützen zu helfen; schon weil Tadeln und Umstürzen leichter ist, als Besseres ersinnen und an die Stelle bringen. Nimmt nun der Mifsbrauch der Presse Schein, Überrredung und Leidenschaft statt Wahrheit, Gründe und ruhiger Erwägung zu Hülfe, so trifft er leicht die vorgefafste eigene Meinung von Diesem und Jenem, selbst sonst Einsichtigem und bestärkt ihn darin. Stellt er schlau das Gute und Rechte voraus, um seinen unrichtigen Mitteln, vorgeblich dasselbe zu fördern, Eingang zu verschaffen, so täuscht er noch Mehrere. Und da er selbst in seinen Ansichten über die Mittel sehr verschiedener Meinung ist, so täuscht er gar Viele. Auf demselben Wege findet er nur zu leicht auch Anhanger selbst unter den aufrichtig wohlwollenden einfachen Menschen, die ganz ehrlich und ohne allen Dünkel und Eigennutz so gern eine Verbesserung des gesellschaftlichen Zustandes in Staat, Sitte und Religion sehen möchten und für diesen ihren Wunsch schwärmen, aber, eben weil sie schwärmen, nicht überlegen und nicht wissen, auf welche Weise ihr Wunsch, ohne noch gröfseren Schaden für Alle, also auch für ihre Schützlinge selbst anzurichten, zu erreichen möglich sei. Auch sie ergreifen und verbreiten, was ihnen der Mifsbrauch der Presse in schimmernden Redens-Arten, leidenschaftlich, wie sie selbst es sind, vorsagt. Lassen sich gar die Lehrer und Führer der Jugend vom Mifsbrauch der Presse durch seine Scheingründe täuschen, so pflanzt sich der

Irrthum auf die kommenden Geschlechter fort. So wächst dann die Zahl der Verbreiter des Irrthums wie ein Schneeballen und die übrige grofse Menge, die kaum selbst urtheilt, unmitbar durch die Tageblätter schon vorbereitet, fällt ihnen bei.

Der Irrthum gedeiht ja nur zu leicht, dem Unkraut ähnlich, schon von selbst: ausgesäet und durch Scheingründe empfohlen, überwuchert er schnell die Wahrheit. Es ist viel leichter, dem Menschen Pflichten auszureden und vorgebliche Rechte ihm einzureden, als ihn davon zu überzeugen, dafs er mit seinen Rechten zugleich, und durch sie selber, auch Pflichten habe. Man darf ihm nur verschweigen, dafs ein Recht des Einen gegen den Andern nicht möglich ist, ohne dafs der Andere eben dadurch eine Pflicht gegen den Ersten bekomme und dafs also, da der Andere dasselbe Recht hat wie der Erste, Dieser auch dieselbe Pflicht haben müsse. Ist aber der Irrthum einmal gewurzelt, sind die Leidenschaften einmal erregt: dann ist es schwer, wiederum blofs durch Wort und Schrift, jenen zu tilgen, diese zu zügeln; denn das Wahre und Rechte hat keine andere Waffe als die Vernunft, welche auf die Leidenschaft wenig wirkt. Das Übel dringt am Ende so tief, dafs der Kranke die Arznei zurückweiset und die Gründe des Wahren und Rechten gar nicht mehr hören will, um sich, wie er sagt, nicht irre machen zu lassen.

Aber warlich! nicht die Presse selbst, die so viel Gutes stiften kann und gestiftet hat, trägt die Schuld des Unheils. Nicht die wahrhaft freie Presse trägt sie, sondern Der trägt sie, welcher thatsächlich sie unterdrückt: ihr Mifsbrauch. Dieser Mifsbrauch der Presse ist ihr wahrer Tyrann. Durch Scheingründe, durch klingende Worte, durch Lärmen und Anrufung der Leidenschaften erdrückt er sie und läfst sie mit der Wahrheit nicht aufkommen. Die Presse ist eben durch ihre Unbeschränktheit *nicht* frei; ungefähr eben so wenig, wie es ein Volk ohne Gesetze ist. Es thut Noth, dafs das Gesetz die Presse erst wirklich frei mache. Fern sei es, dafs nicht Jeder seine Meinung durch Wort, Schrift und Druck äufsern dürfe, ohne sie erst von Andern prüfen zu lassen! Die Presse sei frei, aber ganz eben so frei, wie alle andere Handlungen der Menschen, *wahrhaft* frei; nemlich nach Gesetzen, welche den Schaden, der angerichtet werden kann, und zwar möglichst vorbeugend, hindern und den dennoch angerichteten Schaden zur Warnung für künftige Fälle ahnden; ohne welche Bedingungen, wie öfter erinnert, überhaupt keine wahrhafte Freiheit möglich, sondern die vermeintliche Freiheit wesentlich nichts Anderes ist, als gerade die ärgste Sclaverei, die Sclaverei der wilden Leidenschaft und der Unordnung, die nur mit der Zerstörung der Gesellschaft enden kann.

Schwieriger als für viele andere Handlungen der Menschen wird es allerdings immer sein, dem Mifsbrauch der Presse zu wehren; ihn ganz zu hindern vielleicht unmöglich. Man wird sich begnügen müssen, den Schaden hier so weit zu mindern, als es ohne andern Nachtheil thunlich ist; man wird blofs suchen müssen, wenigstens der wirklich freien Presse die Wege freier zu machen, damit sie ihren wahren Zweck, Gutes zu stiften, erfüllen könne. Was aber zu thun möglich ist, mufs nothwendig geschehen; denn die Gefahren der ungezügelten Presse sind, wie es die Erfahrung bis zum Übermaafs gezeigt hat, gar zu grofs.

Welches Mittel würde nun zu diesem Zweck rathsam sein?

Das *erste* Mittel, welches sich darbietet, nemlich das Vorbeugen des Mifsbrauchs der Presse durch vorherige Prüfung alles zu Druckenden (die Censur) ist es nicht. Vorbeugend darf ein Gesetz nicht ohne Unterschied auch Dasjenige mit treffen und erschweren, was nicht Schaden, sondern auch Gutes zu stiften vermag. Ein Gesetz kann und darf schädlichen Handlungen nur dadurch vorbeugen, dafs es im Voraus bezeichnet, zu welchem Zweck und in welcher Form die Handlungen schädlich sind und gebüfst werden müssen. So darf z. B. das Gesetz nicht für alle Waffen verlangen, es solle Jeder erst die Erlaubnifs zum Gebrauch derselben einholen: es darf nur im Voraus bezeichnen, wie und wo die Waffen nicht gebraucht werden dürfen, weil sie da Schaden anrichten könnten; mit Vorausbestimmung der Strafen für Übertretung der Vorschrift und für dennoch angerichteten Schaden. Die vorherige Prüfung alles zu Druckenden würde den wesentlichen Mangel haben, dafs es bei der Prüfung auch auf Meinungen ankommt und dafs so möglicherweise das Gute und Rechte mit dem Irrigen und Schädlichen zugleich zurückgehalten werden könnte; denn es kann sehr wohl sein, dafs das freimüthig geäufserte Gute für gefährlicher erachtet wird, als das unterwürfige und heuchlerische Böse. Ein Gesetz ist nur dann das bessere, wenn bei dessen Handhabung möglichst wenig Meinungen mitwirken müssen. Denn Meinungen sind nicht immer leidenschaftslos; nur das für künftige Fälle vorausbestimmende Gesetz kann es füglicherweise sein. Das vorherige Prüfen alles zu Druckenden ist also nicht das rechte Mittel zur Verhütung des Mifsbrauchs der Presse.

Ein *zweites* sich darbietendes Mittel wäre, dafs das Gesetz zwar gestatte, ohne vorherige Prüfung Alles ohne Ausnahme zu veröffentlichen, aber im Voraus eine strenge Aufsicht auf alles Gedruckte, und scharfe Rügen des Verderblichen anordne, die bei den Tageblättern (nicht zu strenge) in Wiederholungsfällen bis zum gänzlichen Verbot der Fortsetzung des Blattes gehen müfsten. Aber dieses Mittel würde unzählige Anlässe zu Untersuchungen, Ahndungen, Widerstreben und Unzufriedenheit zur Folge haben; und aufserdem würde ihm ebenfalls der Mangel des vorigen Mittels anhangen, dafs es wiederum bei den Aussprüchen über das zu Büfsende auch auf Meinungen ankommt. Es ist daher noch ein anderes, von den Mängeln der beiden vorigen möglichst freies Mittel zu wünschen.

Ein solches *drittes* Mittel würde, so auffallend dasselbe auch beim ersten Anblick scheinen mag, folgendes sein. Da es nemlich insbesondere die Tageblätter, die sogenannten

Zeitungen sind, deren sich, weil sie Jeder lieset, (aus natürlicher und löblicher Begierde, die Tagesbegebenheiten und die Welthändel zu erfahren) der Mifsbrauch der Presse zu bedienen vermag und wirklich bedient, Irriges und Schädliches grade da auszustreuen, wo es am allgemeinsten wirkt und am leichtesten Wurzel fafst, nemlich in die Masse des Volks, welche nur wenig das Rechte und Gute vom Falschen und Schädlichen zu unterscheiden weifs: so möge das Gesetz

I. Allgemein allen Tagesblättern, so wie natürlich auch allen Flugblättern, nebst Anschlagezetteln, die Bedingung auflegen, jeder Äufserung und Ansicht über Staatsordnung und Verwaltung, so wie über Religion und unwandelbare Grundsätze der Sittlichkeit gänzlich sich zu enthalten und sich auf ihren eigentlichen und wirklichen Zweck, nemlich auf die Erzählung von Thatsachen und Begebenheiten, so wie auf die Angelegenheiten von Handel, Wandel und Verkehr und, wenn sie es für sich angemessen finden, auf Wissenschaftliches und Künstlerisches zu beschränken. Die Verhandlungen in den Kammern mögen sie aus den amtlichen Tageblättern auszüglich, oder auch ausführlich aufnehmen. Fremde belehrungseifrige Zeitungen werden, wenigstens von der Masse des Volks, dadurch leicht abzuhalten sein, dafs man sie mehr oder weniger das volle Postgeld bezahlen läfst; was mit demselben Recht geschehen würde, wie man fremde Waaren bei dem Eingange in das Land besteuert.

Damit nun aber auch Nichts, was zur Belehrung auch der grofsen Masse des Volks dienen kann, zurückgehalten werde, so möge

II. Jeder, der Etwas zu wissen glaubt, was nach seiner Meinung zur Verbesserung des Bestehenden gereichen würde, ohne alle Beschränkung und ohne vorherige besondere Erlaubnifs es drucken lassen: aber unter der Bedingung, dafs es, entweder einzeln, oder in Zeitschriften, nur in Heften von einem gewissen gröfsern Umfange, z. B. von 10 bis 20 Bogen, je nach der Gröfse der Druckschrift, ausgegeben werden dürfe, damit es so möglichst nur mehr in die Hände Derer komme, die mit ihren mehreren Einsichten das Rechte und Gute von dem Irrthum und dem Schädlichen zu unterscheiden wissen.

III. Endlich möge das Gesetz im Voraus bestimmen, dafs von allem Veröffentlichten Verfasser, Drucker und Verkäufer für absichtliche oder leichtsinnige Unwahrheiten, für Entstellungen, Verläumdungen, Beleidigungen und offenbare Verstöfse gegen die der Religion, den unwandelbaren Sittengesetzen, der Obrigkeit, so wie jedem Einzelnen schuldige Achtung, verantwortlich sind und sie mit der gesetzlich vorausbestimmten Strafe büfsen müssen: die Tageblätter zunächst dadurch, dafs sie Unwahrheiten, Entstellungen und Verläumdungen selber zu widerrufen und Beleidigungen zu sühnen haben.

Beim ersten Anblick wird es zwar scheinen, dafs die für dieses dritte Mittel unter (I.) bezeichnete Beschränkung der Tage- und Flugblätter auf ihre eigentliche wesentliche Bestimmung, eine zu weit gehende Beschränkung der Presse selbst sei; dafs dadurch ferner auch das Gute zurückgehalten werden könne; dafs in Folge der Bestimmung in (II.) dennoch wieder auch Schädliches ausgestreut werden könne, und dafs bei den unter (III.) bezeichneten Büfsungen doch wieder auch Meinungen ins Spiel kommen. Aber, ruhig überlegt, wird man es anders finden.

Die scheinbare Beschränkung (I.) ist nemlich zunächst durch die Bestimmung (II.) wieder gehoben; so dafs eigentlich in der That gar keine wirkliche Beschränkung der Presse selbst Statt finden würde. Das Gesetz würde keinesweges vorschreiben, was gedruckt werden dürfe und solle, und was nicht, sondern nur, in welcher Form es geschehen dürfe und so es lenkend, dafs der etwaige, nach der einen oder der andern Seite hin ausschreitende Irrthum so wenig schade, als möglich. Und dazu hat das Gesetz unzweifelhaft nicht blofs das Recht, sondern auch eine Pflicht.

Das Gesetz mag nemlich zwar z. B. Niemand hindern, seine Meinung, auch wenn sie irrig und schädlich sein sollte, zu äufsern und Andern vorzutragen: aber es hat das Recht, zu verbieten, dafs es (sei die Meinung die rechte oder nicht) auf offnem Markt oder sonst vor einer Versammlung geschehe, welche nicht hinreichend das Wahre vom Falschen zu unterscheiden weifs; schon damit die Ansichten und Begriffe nicht durch Meinungen, die einander widersprechen, verwirrt werden. Es hat die Pflicht, dafür zu sorgen, dafs das etwa Verderbliche mindestens so wenig schaden könne, als möglich. Dieses letztere geschieht durch die Bestimmung in (II.), indem es nur insbesondere darauf ankommt, dafs das Schädliche und Verwirrende weniger in die grofsen Massen gelange: von den Einsichtigern ist zu erwarten, dafs sie eher das Rechte von dem Unrechten zu sondern wissen werden. Jedes gute Gesetz möge so wenig als möglich bevormunden, sondern die eigene Einsicht der ihm Unterworfenen in Anspruch nehmen; und Das würde hier geschehen. Dafs endlich bei der Büfsung der Ausschreitungen auch hier wieder Meinungen ins Spiel kommen, ist zwar richtig: aber das Gesetz würde hier im Voraus weit mehr Nachsicht gestatten dürfen und viel weniger Strenge nöthig haben, weil vorauszusetzen, dafs die eigene Einsicht der Leser ihm zu Hülfe kommen werde. Es würde nur noch den, ganz offenbar nach der einen oder der andern Seite hin ausschreitenden Irrthum zu rügen haben, über welchen kaum mehr eine Verschiedenheit der Meinungen möglich ist; so dafs das Übel der möglichen Leidenschaftlichkeit der Meinungen kaum noch Statt finden würde. Das Vollkommne ist nirgend zu erreichen möglich.

Man wird freilich noch sagen, dafs durch die Beschränkung der Tageblätter auf ihre eigentliche Bestimmung ein kräftiges Mittel zur allmäligen Bildung oder Aufklärung auch der Masse des Volks in Staatssachen, in der sogenannten Politik, so wie in Religion und Grundsätzen der Sittlichkeit, abgeschnitten werden würde. Allein, zunächst eine wahre politische Bildung auch der Volksmassen (ob sie überhaupt nützlich und zu wünschen sei, möge dahingestellt bleiben) ist *rein unmöglich;* denn es ist offenbar unmöglich, jeden Einzelnen im Volk zum Staatsmann zu machen; und das müfste er sein, um richtig zu urtheilen. Was die Zeitungen der grofsen Masse brockenweise und einander widersprechend von der Politik beizubringen vermögen, kann nicht wahre Bildung, sondern nur Verbildung erzielen und die schon unklaren Begriffe nur vollends verwirren; eben so in Religion und Sittlichkeit. Was der grofsen Masse von Politik, Staatsverfassung und Verwaltung zu wissen frommt, ist sehr natürlich Das, was ihre eigenen Vertreter ihr lehren, die darin vorzugsweise richtige Einsichten besitzen müssen und was sie also durch die Verhandlungen in den Kammern erfährt. In Religion und Sittlichkeit wird sie durch die Kirche und schon durch die Schule belehrt; warlich nicht durch die Zeitungen. —

Dagegen würde das obige dritte Mittel zur Verhinderung, oder doch zur Verminderung des Mifsbrauchs des Presse vor den andern Mitteln folgende zwei wesentliche Vorzüge und Vortheile haben. *Erstlich* nemlich wäre dieses Prefsgesetz, auch gegen die Tageblätter, viel *milder* als die andern; denn es ist offenbar milder und gelinder, die Gelegenheit zu Überschreitungen abzuschneiden, als die Versuchung offen zu lassen und hinterher zu strafen. Für das Gesetz und die Gesellschaft selbst aber ist jede Verminderung der Nothwendigkeit zu rügen ein Gewinn; denn es wird um so weniger Zwist und Unzufriedenheit erregt, je weniger es nöthig ist, Übertretungen zu ahnden. *Zweitens* würde dieses Prefsgesetz den grofsen und für die wahre Bildung des Volks sehr wesentlichen Nutzen haben, dafs der grofsen Masse, die überhaupt nicht viel lieset, die wenige Zeit zum Lesen nicht durch Täuschendes, nur immer mehr sie Verwirrendes abgeschmeichelt und sie dadurch verhindert werde, ihre wenige Zeit zur Erwerbung nützlicher Kenntnisse zu verwenden. Warlich! wer jetzt Alles, was durch die Zeitungen ihm aufgedrungen wird, lesen wollte, würde bald, auch wenn er alle seine Zeit zum Lesen verwendete, nichts Anderes thun können. Die Zeitungen und Flugblätter tödten den gründlichen und wahren Unterricht.

Zwar scheint es auch noch ein viertes Mittel zu geben, zur Tilgung, oder doch zur Minderung des Schadens, welchen der Mifsbrauch der Presse anzurichten vermag und wirklich angerichtet hat; nemlich das Mittel: zwar die Unbeschränktheit der Presse auch für die Tage- und Flugblätter, etwa unter strenger Aufsicht und Rüge von Ausschreitungen, fortbestehen zu lassen, aber den den Irrthum verbreitenden Tageblättern andere entgegenzusetzen, welche die Massen auf die rechten Wege, nemlich zu einem vernunftgemäfsen, verfassungsgesetzlichen und dauerfähigen Zustande hinzuführen im Stande sind. Schwerlich indefs würde dieses Mittel seinen Zweck erreichen. Denn sicherlich findet im Allgemeinen der Irrthum leichter Anhänger, als die Wahrheit. Es ist viel leichter, die Masse zu überreden: in der Eigensucht, der Sinnlichkeit und der völligen Unbeschränktheit finde sie ihr Wohlsein, als sie davon zu überzeugen, dafs ihr wahres Wohlsein nur aus dem Wohlsein Aller, aus der Ordnung, der Sittlichkeit und Religiosität hervorgehen könne. Nur zu Viele halten es für starkgeistig, sich über Dergleichen hinwegzusetzen und Die, welche dazu mahnen, zu verspotten. Sehr bald würden die Tageblätter, welche es unternähmen, gegen den Mifsbrauch der Presse in den Kampf zu treten, als parteiisch und freiheittödtend angesehen und erdrückt werden. Zudem würde dieses vierte Mittel das Übel der Überschwemmung des Volks mit Zeitungen nur noch vergröfsern; und auch der Anlässe zu Rügen und Strafen würden nicht weniger, sondern nur noch mehr werden. Zuverlässig kann jede Gegenwirkung durch Wort und Schrift gegen den Mifsbrauch der Presse nur dann erst Erfolg haben, wenn ihr möglichst freies Feld gemacht ist; also erst nachdem man das obige dritte

Mittel angewendet hat. Der Weizen kann nie eher gedeihen, ehe nicht dem Unkraut gewehrt wird. Erst unter der Bedingung, dafs das dritte Mittel zur Wirkung gelange, würde folgender Zusatz zu demselben wirksam und heilsam sein.

Damit nemlich auch keineswegs das Gute, welches jetzt durch die Zeitungen dem Volke zugeführt werden kann, ihm vorenthalten und dieser Weg, seine wahre Bildung zu fördern, versperrt werde, so wie auch zur Vermeidung des Schadens, welche noch die ohne alle Beschränkung heftweise zu veröffentlichenden Schriften anrichten können, ordne man, nach dem schon in (§. 80.) gedachten Satze, dafs es wohl gethan sei, nicht blofs das Unrecht und das Böse zu hindern und zu strafen, sondern auch das Gute anzuerkennen, zu fördern und zu belohnen, noch an, dafs Schriften für das Volk, welche es auf die rechten Wege zu führen vermögen, entweder im Ganzen, etwa in der Form von Volkskalendern, Haus- und Familienrathgebern und dergleichen, oder in einzelnen Aufsätzen, in eigends dazu bestimmten Zeitschriften, durch Erleichterung der Herausgabe und des Absatzes derselben, selbst durch Geldbelohnungen, und wie sonst passend, ausgezeichnet werden; jedoch, um selbst den Schein irgend einer Verletzung der gesetzlichen Gleichheit zu vermeiden, wieder nur unter der Bedingung, dafs sie nur in Heften von dem allgemein bestimmten gröfseren Umfange ausgegeben werden dürfen. Welche Schriften der Art wirklich gut und nützlich sind, möge ein von der Volksvertretung vorgeschlagener, von der Regierung bestätigter Verein von Sachverständigen entscheiden. Derselbe Verein würde über die Ausschreitungen anderer Schriften abzuurtheilen und die gesetzlichen Bufsen zu bestimmen haben.

Dann möge immerhin auch selbst das Unrecht, nachdem es nur nicht mehr durch Erleichterung seiner Verbreitung gefördert wird, wie es noch kann seinen Weg gehen. Wenn ihm das Rechte und Gute zur Seite geht, wird es wenigstens so unschädlich gemacht sein, als möglich. Das

Urtheil, selbst der Massen, ist am Ende, wenn es nur nicht täglich bethört wird, gesund; denn die menschliche Vernunft ist in der Gesammtheit unzerstörbar, obgleich sie zeitweilig verdunkelt werden und erkranken kann. Das am gründlichsten gegen den Irrthum und das Unrecht wirkende Mittel ist am Ende immer das Rechte und die Wahrheit; und wenn das Gute erst tief und fest genug gewurzelt hat, trifft den Irrthum die verdiente Verachtung, oder wenigstens Nicht-Achtung, von selbst.

So würde die Presse, keinesweges durch bloſse Meinungen und Willkür, sondern fast ganz nur durch ein vorausbestimmendes Gesetz, welches für künftige Fälle leidenschaftlos ist, gezügelt, gegen ihren Miſsbrauch möglichst geschützt und nun möglichst wirklich frei und wirklich nützlich gemacht werden; nemlich, frei walten zu können, um ihre wahre Bestimmung, das Gute zu fördern, wozu sie so sehr geeignet ist, zu erfüllen. Wer die Presse zügellos wünscht, der wünscht sein eigenes Verderben. Und wenn noch so viele Stimmen die zügellose Presse verlangen, haben sie Unrecht. Die Menge der Stimmen giebt keine Bürgschaft für das Rechte.

§. 88.

Zweitens verlangen Millionen die Berechtigung, sich gruppenweise zu versammeln und zu verbünden. Dieses Recht ist gewiſs nützlich und daher unbestreitbar, insofern aus der Verbündung, für diese selbst, oder für Andere, solche Vortheile hervorgehen können, welche Andern nicht schaden. Sobald aber die Gruppen zugleich etwa das Geschäft sich zulegen, gleich den Zeitungen, willkürliche Ansichten über Staat, Sitte und Religion in das Volk auszustreuen, können sie dadurch, eben wie die Flugblätter, dem Gemeinwohl bedeutenden Schaden zufügen, und es kann ihnen dieses Thun, eben wie den Tageblättern, unmöglich ohne Aufsicht und Hemmung gestattet sein. Suchen sie gar das Gemeinwesen nach ihrem Willen zu lenken und geben also ihren

Willen für den des Volks, was sie nicht sind, so verletzen sie die Rechte Anderer und das Versammlungsrecht ist dem Gemeinwohl unbedingt entgegen. Es würden sich andere Gruppen mit andern Meinungen gegenüberstellen und das Volk würde in einzelne, nur noch schwach zusammenhaltende Theile zerfallen. Parteiungen aber sind die Quellen des Verderbens. Jede Partei wird zwar gerade recht sehr der Vaterlandsliebe sich rühmen, denn sie hält und giebt sich für das Volk: aber sie hat diese Liebe nicht, denn sie widerstrebt den Übrigen und schwächt dadurch des Vaterlandes Kraft. Eine Verfassung, welche Parteiungen gestattete, würde statt der Eintracht die Zwietracht fördern und dieselbe gesetzlich machen. Alles Parteiwesen widerstrebt schon von vorn herein der Grundlage, auf welcher die Vergesellschaftung zum Staat überhaupt beruht. Die obersten Zwecke und Erfordernisse der Vergesellschaftung sind die Einigkeit; und die Aufgabe der Staatsverbündung ist, alle Kräfte, die etwa einander widerstreben, ausgleichend, möglichst in eine und dieselbe Richtung zu lenken; nemlich zum Wohl Aller. Kräfte, die einander widerstreben, schwächen einander und vernichten ganz oder zum Theil ihre Wirkung: nur da ist die Summe aller Kräfte und folglich die Summe des Gemeinwohls die möglich-gröfste, wo die Bestrebungen möglichst in die gleiche Richtung gelenkt sind; wie solches dem Begriff der wahren Vaterlandsliebe gemäfs ist. Wo Parteiungen walten, folgt leicht, wie es die Geschichte lehrt, auf die Gewalt-Übergriffe einer einzelnen Partei etwa zunächst die noch viel schrecklichere Gewaltherrschaft der Menge; auf diese, nachdem sehr bald neue Parteien entstanden sind und sie sich gegenseitig bis zur Erschöpfung zerfleischt haben, vielleicht die strengere Gewaltherrschaft Einzelner; dann wieder die Auflösung in Parteien, und zuletzt allgemeine Zerstörung. Schon vor vollen zweitausend Jahren, sogar unter der Vielherrschaft, erkannten die Römer die Gefahren und die Schädlichkeit der Parteiungen oder der sogenannten Clubs: die Consuln verboten sie, und das Volk dankte es ihnen. Zerrissenheit und Parteiungen zerstörten Griechenland und alles Schöne und Grofse, mit welchem der Geist seiner grofsen Männer es geschmückt hatte und machten es zu einem Opfer von Fremden. Die Parteiungen zertrümmerten zuletzt selbst das Alles beherrschende Rom, überlieferten es wilden Völkern zur Beute, und die Folgen waren die Zerstörung alles Wohlseins und ein Rückschritt der gesammten menschlichen Gesellschaft für ein volles Jahrtausend.

Gewifs! die Freiheiten des Volks müssen geschützt werden, gegen Übergriffe, welche von dieser oder jener Partei ausgehen könnten. Aber dies geschieht warlich nicht durch andere Parteien, sondern nur durch die Herrschaft der Vernunft, der Gesetze und der Sitte; durch Liebe der Ordnung und des Vaterlandes und mit Hülfe einer wahrhaften, alles Jenes fördernden, vermittelnden und die widerstrebenden Kräfte in die gleiche Richtung lenkenden Volksvertretung, die den Willen und die Fähigkeit hat, das Wohl Aller wirklich zu fördern.

Also verlangen alle Die, welche das Recht der Verbündung bis zu dem oben bezeichneten Zwecke, oder gar bis zum Einspruch gegen die Verfassung ausgedehnt wissen wollen (so grofs auch ihre Zahl sein mag) wiederum Etwas, das nicht zum Wohle Aller und folglich auch nicht zu ihrem eigenen Wohle gereicht, und die Menge der Stimmen trifft auch hier wieder nicht das Rechte.

§. 89.

Drittens. Millionen verlangen die Bewaffnung aller Waffenfähigen, um, wie sie sagen, dem Volke seine Freiheiten zu vertheidigen; nöthigenfalls selbst gegen das Kriegsheer; welches deshalb, um möglichst diesen Fall zu vermeiden, auf die Verfassung zu verpflichten sei.

Aber das Volk ist über Das, was es seine Freiheiten nennt, nicht einig, weil die Ansprüche der verschiedenen

Stände, über das rechte Maafs hinaus, einander widerstreben; und mit den Waffen in der Hand wird das rechte Maafs leicht überschritten. Also wäre die allgemeine Bewaffnung nur die von Parteien, und die Folge könnte sehr bald ein Kampf Aller gegen Alle sein, und zwar ein fortgesetzter Kampf; denn er wäre gleichsam gesetzlich berechtigt. Ein solcher Zustand aber wäre eine seltsame Art von Freiheit und seine Folge nicht Wohlsein und Gedeihen, sondern der Untergang beider.

Verpflichtete man ferner das zur Abwehr äufserer Feinde bestimmte und nothwendige bewaffnete Heer und beeidigte es auf die Verfassung, so schöbe man ihm nicht allein den Anlafs zu, erst zu berathen und zu urtheilen, ob Das, was von ihm verlangt wird, auch verfassungsmäfsig sei, oder nicht, sondern man legte ihm sogar eine Gewissenspflicht dazu auf, weil Der, welcher gelobt hat, diese oder jene Gesetze zu vertheidigen, gegen sein Gewissen handelt, wenn er Etwas thut, was etwa diesen Gesetzen zuwider ist, oder auch nur zuwider zu sein ihm scheint. Die Ansichten und Meinungen in solchen Dingen sind aber verschieden: also würde das Heer durch die Beeidigung auf die Verfassung schon zur Uneinigkeit verleitet werden; und mit einem uneinigen Schutzheere würde der Staat nicht allein eine leichte Beute anderer, fester geordneter Staaten werden, sondern auch im Innern, bis etwa Jenes erfolgt, würde der letzte Schutz der Ordnung und des Friedens zerstört sein. Selbst keine Änderung und Verbesserung der Verfassung, die sich im Laufe der Zeit als nothwendig ergiebt, dürfte ohne die Zustimmung des Heeres ausgeführt, nicht einmal erläuternde, von der Verfassung vorbehaltene Einzelgesetze dürften ohne dieselbe gegeben werden: denn man darf Niemanden, der auf etwas Bestimmtes vereidigt worden ist, ohne seine Beistimmung Anderes unterschieben. Das Heer würde zu einer dritten berathenden Kammer werden; und eine bewaffnete Versammlung entscheidet auch wohl gelegentlich durch das Schwert. Die

Geschichte hat Beispiele genug davon aufzuweisen. Nimmer darf eine bewaffnete Macht erst untersuchen, ob Das, was von ihrem Führer verlangt wird, das Rechte sei: eben so wenig im Frieden, wie sie im Kriege und in der Schlacht erst sich fragen darf, ob Das, was ihr Feldherr sie thun heifst, angemessen sei, oder nicht; sonst ist sie gar keine Macht mehr, sondern kraftlos und ein Opfer des Feindes. Niemand darf unter Waffen berathen; und schon deshalb dürfen auch, umgekehrt, die Bürger, welche wirklich bei der Wahl ihrer Volksvertreter und sonst über die Förderung ihres Gemeindewohls nach den Gesetzen zu berathen haben, bewaffnet werden. Das Kriegsheer kann nur verpflichtet werden, dem Rufe Dessen unbedingt zu folgen, welchem es an höchster Stelle zukommt, die Verfassung aufrecht zu erhalten; also dem Rufe des Staats-Oberhaupts allein. Geschähe es anders, so würde der Staat sich selbst die tiefste und tödtlichste Wunde beibringen und seine Kraft nach aufsen, wie nach innen, selber und durch eigene Schuld gänzlich vernichten. Das Heer ist grade dann erst und nur dann erst der kräftigste Schutz, auch der Verfassung, eben wie des Staats nach aufsen, wenn es von allen Parteien fern gehalten wird und nur allein und unbedingt dem Staats-Oberhaupte verpflichtet ist, welches, umgeben von den für die Befolgung der Verfassung und für das Wohl Aller verantwortlichen obersten Beamten der ausübenden Gewalt und der, ebenfalls dafür, so wie für das Wohl Aller verantwortlichen Volksvertretung, über allen Parteien steht.

Neben einem richtig gestellten Heere wäre dann aber auch wieder die allgemeine Bewaffnung schon völlig unnütz; selbst zu ihrem mifsverstandenen Zwecke, die Verfassung zu schützen: denn jenem Heere gegenüber wäre sie, jedenfalls in Parteien zerfallend, ohnmächtig: im rechten Sinne aber wäre sie noch viel mehr unnütz; denn zur Aufrechterhaltung der innern Ordnung genügen wenige Sicherheitswächter und im Nothfalle das Heer bis zum Übermaafs. Eine Bürgerwehr wäre nichts anderes als die Aufforderung zum Bürgerkriege; und die Erfahrung hat gezeigt, dafs eine solche Wehr wohl allenfalls vermag, die Staats-Ordnung untergraben und umstürzen zu helfen, nicht aber, sie zu schützen. Verordnete eine Verfassung die allgemeine Bewaffnung, so würde sie sich der Gefahr blofsgeben, den Parteigeist zum Gesetz zu machen und ihm die Waffen in die Hand zu liefern.

Erwägt man hiezu noch die schwere Last, welche die allgemeine Bewaffnung dem Volke, welches schon die unvermeidlichen Kosten des Kriegsheeres mit Mühe trägt, auflegen würde: nicht sowohl durch die baaren Ausgaben für die Bewaffnung, als durch die Versäumnifs und Abhaltung vom Erwerbe; so wie den ungeheuern Schaden der Entwöhnung von der Arbeitsamkeit, theilweise durch den Müfsiggang und durch Ausschweifungen: so folgt wohl unwidersprechlich, dafs die allgemeine Bewaffnung durchaus keinen Nutzen, sondern nur unberechenbaren Schaden haben könnte. Warlich! keine körperlichen Waffen schützen eine Verfassung und die Freiheit des Volks. Nicht Waffengewalt ist der Schutz der wahren Freiheit, sondern, wie schon gesagt, allein die Macht der Vernunft, der Sitte, des Gesetzes und der Vaterlandsliebe. Alles was zu Parteiungen führt, wie es die allgemeine Bewaffnung mächtig thun würde, impft dem Volke jenen unheilbaren Krebsschaden der Zerrissenheit ein; und nicht diese zu fördern, sondern sie abzuhalten, ist die Aufgabe der richtigen Staatskunst.

Allerdings wird es gut und nützlich sein, alle Waffenfähige in den Waffen zu üben, damit der Staat im Nothfalle einen verstärkten Schutz gegen äufsere Feinde, das Heer unmittelbar einen schon geübten Beistand im Volke finde: aber nimmer wird die allgemeine Bewaffnung im Frieden gut und nützlich, sondern nur, aus mehr als einem Grunde, verderblich sein. Also alle Die, welche die allgemeine Bewaffnung verlangen, wünschen wieder nur Etwas, was zu ihrem eigenen Unheil gereicht. Auch hier trifft die Menge der Stimmen nicht das Rechte.

§. 90.

Schon eins von den Dreien: unbeschränkte Presse, Clubs und allgemeine Bewaffnung, würde hinreichen, die Kraft jeder Regierung zu schwächen, das Volk in beständiger Aufregung zu erhalten und den Frieden und die Ruhe, ohne welche kein Gedeihen der Wohlfahrt möglich ist, fortwährend zu stören. Mit allen dreien zusammen aber würde jede Regierung, welche Form sie auch immer haben möge, und folglich die Ordnung und der Staat selbst, völlig *unmöglich* sein; was auch, selbst in der Jetztzeit, in einem grofsen Nachbarstaate sogar die Vielherrschaft, ungeachtet alles, dieser Art der Herrschaft eigenthümlichen Mangels an Einheit und Einigkeit, sehr bald eingesehen hat. Also: wenn nicht durch das Gesetz die Presse etwa auf die obige Weise gezügelt und gelenkt, oder vielmehr wahrhaft frei gemacht wird: wenn nicht die gruppenweisen Verbündungen im Volk auf ihre eigentlichen nützlichen Zwecke beschränkt werden und nicht die allgemeine Bewaffnung unterbleibt, ist auch die Lösung der Aufgabe, den Zustand der Arbeiter gründlich und auf die Dauer zu verbessern, nicht möglich.

Was für ein Volk von ihm selbst geschehen kann, um seinen ganz richtigen Willen, glücklich zu sein, zu verwirklichen, ist, dafs es Vertreter ernenne, welche den Willen, die Fähigkeiten und die Kenntnisse besitzen, die nöthig sind, sein Wohl fördern und wahren zu helfen; und diesen Vertretern dann zu vertrauen. Einer solchen Vertretung Wille, vereinbart mit den Ansichten der das Ganze überschauenden Regierung und dem Willen des über allen Parteien erhabenen Staats-Oberhaupts, ist dann wirklich Das, was dem Heile des Volks entspricht; also sein eigener rechter Wille. Der Wille einzelner Gruppen, oder gar Das, was durch die Presse sich äufsert, ist es nicht nothwendig, sondern immer nur der Wille von Parteien; bis zu dem einzelner, sich nennender, oder gar ungenannter Personen hinab. Der Wille der Vertretung kann übrigens dem Willen des Volks, glücklich zu sein, nicht entgegenstreben, denn die Vertretung ist äufserstenfalls in den Händen des Volks und es kann andere Vertreter senden. Die Erneuerung der Wahlen, etwa alle 3 Jahre, wobei Die, welche nicht wieder gewählt werden, ausscheiden und Andere an ihre Stelle treten, wird die Gefahr verfehlter Wahlen mindern, wenn nicht heben. Eine zu baldige Wiederholung der Wahlen wäre nicht rathsam, weil zu jedem Geschäft Übung gehört, bei welcher Fehler vorkommen können, die später der Geübtere, wenn er sonst, wie vorauszusetzen, guten Willen hat, meiden, oder wieder gut machen wird.

Unter einer solchen Vertretung und mit ihrer Hülfe werden sich dann auch die rechten Mittel, den Zustand der Arbeiter gründlich und auf die Dauer zu verbessern, zur Ausführung bringen lassen.

V. Vom Volks-Unterricht.

§. 91.

Wir haben oben bei den Steuern in (§. 59.) darauf gerechnet, dafs sie zugleich die Mittel zu den Kosten des Unterrichts in den Anfängen des Wissens und des Urtheils gewähren sollen, so dafs dieser Unterricht ohne weitere besondere Bezahlung ertheilt werden würde; und zwar allen Kindern, vom sechsten bis zum vollendeten vierzehnten Lebensjahre, ohne Ausnahme; reichen wie armen gleich: denn für Kinder begüterter Eltern eine Ausnahme zu machen, wäre eine Herabsetzung der Kinder der Armen. Wollen die Nicht-Armen ihre Kinder an dem unentgeltlichen Unterrichte nicht Theil nehmen, sondern ihnen (durch geprüfte Lehrer) besonders bezahlten Unterricht geben lassen, so mögen sie es thun. Es ist nur nöthig, dafs Niemand seine Kinder dem Unterricht überhaupt entziehen dürfe.

Eigentlich erhalten so freilich die Kinder, auch der Armen, den Unterricht keinesweges unentgeltlich; was überhaupt nicht möglich ist, da keine Leistung unentgeltlich sein kann; aber die Kosten des Unterrichts sind dann verhältnifsmäfsig vertheilt, nicht wie jetzt unverhältnifsmäfsig. Jetzt sind sie für den Armen, wenn er viele Kinder hat, fast unerschwinglich; sie betragen an $1\frac{1}{2}$ Thlr. jährlich für jedes Kind; was für eine starke Familie noch eben so viel und mehr ausmachen kann, als ihre jetzige gesammte Steuer; und diese harte Last trifft gerade diejenigen Familien, welche viele Kinder haben, deren Ernährung ihnen schon schwer fällt.

Die Bezahlung des ersten Schul-Unterrichts ist jetzt einer Kopfsteuer ähnlich, denn sie ist auf Arme und Nicht-Arme gleich hoch gelegt; sie ist folglich auch eben so unangemessen.

§. 92.

Rechnet man zum ersten Unterricht auf 500 Seelen einen Lehrer, so sind auf 1 Million 2000 und folglich für die 17 Millionen Einwohner des Preufsischen Staats 34 000 Lehrer nöthig. Für diese duchschnittlich 300 Thlr. jährlichen baaren Gehalt angenommen, giebt einen Kostenbetrag von etwa 10 Millionen Thaler. Diese Summe wird zwar um Etwas vermindert durch die Wohnung, welche meistens die Schullehrer in den vorhandenen Schulhäusern haben, und durch den Ertrag eines Gartens, oder eines kleinen Stücks Feld, wo ihnen dergleichen zugetheilt ist, und von welchen Allem ihnen der Betrag angerechnet werden kann: dagegen kommen aber auch noch die Kosten der Schullehrer-Bildungs-Anstalten, der Erhaltung der Schulgebäude und die übrigen Kosten des Unterrichts, für Bücher etc. hinzu, so dafs die Summe wohl so ziemlich unverändert bleiben dürfte. Man müfste nemlich grundsätzlich den Gemeinden alle jetzigen Kosten des Unterrichts abnehmen, weil sonst die Erleichterung zum Theil wieder nur scheinbar sein würde, auch wohl bald Mifsbräuche bei den verlangten Hülfszahlungen entstehen würden. Selbst die Schulbücher müfsten geliefert werden, unter der Bedingung, nach beendigtem Unterricht die beschädigten zu bezahlen; was zugleich ein Mittel mehr sein würde, die Kinder an Ordnung zu gewöhnen.

§. 93.

Die Kosten des ersten Unterrichts würden sich also auf etwa den 7ten Theil der gesammten Steuersumme belaufen, und folglich, da nach (§. 59.) die ärmsten Familien nur $2\frac{1}{2}$ bis $7\frac{1}{2}$ Thlr. beizusteuern haben, nur auf 11 Sgr. bis

1 Thlr. 2 Sgr. jährlich: gleich viel, ob die Zahl ihrer Kinder grofs oder klein ist; während jetzt eine arme Familie den Unterricht ihrer Kinder mit 6, 12 bis 15 Thlr. jährlich zu bezahlen haben kann.

Dafs die Nicht-Armen auf diese Weise das Fehlende übertragen, ist vollkommen billig: aus dem Grunde, dafs der Unterricht der Kinder keinesweges blofs ihre Eltern und die Familie angeht, sondern, da die Nicht-Armen mit den Andern im Gesellschaftsverbande leben, den ganzen Staat, indem derselbe nicht allein ohne den Unterricht der Kinder gar nicht würde fortbestehen können, sondern auch, weil gerade in dem Volks-Unterricht das kräftigste Mittel liegt, das Wohl Aller zu sichern und zu fördern. Deshalb müssen Alle ganz billigerweise gerade im Verhältnifs ihres verschiedenen *Wohlseins* zu den Kosten des Unterrichts beitragen, und da dieses Wohlsein das Maafs der Steuer ist, im Verhältnifs der Steuer. Der Staat bedarf in der That eben so nothwendig des ersten Volks-Unterrichts, als einer guten Regierung, eines Heeres zur Vertheidigung u. s. w.

§. 94.

Anders ist es mit dem weitern und dem sogenannten höhern Unterricht. Der erste Unterricht umfafst nur Das, was schlechterdings Jedem ohne Ausnahme nöthig ist, damit er erst überhaupt zu einem Mitgliede des Gesellschaftsverbandes sich eigene: der weitere und höhere Unterricht dagegen geht auf Kenntnisse und Übungen aus, von welchen Der, welcher sie sich zu verschaffen bemüht ist, erwartet und erwarten darf, dafs er daraus für sich selbst durch diesen oder jenen Erwerb einen Nutzen ziehen werde, welcher die Kosten des Unterrichts wieder einbringt. Die Kosten dieses Unterrichts dem Staate ganz aufzulegen, wäre also nicht billig; sie fallen, wenigstens zum Theil, Denen zur Last, die ihn suchen. Gewifs ist der Staat auch für den weitern Unterricht nicht ohne Pflichten: denn er gereicht zum Vortheil Aller, indem theils der Staat der Besser-Unterrichteten nicht entbehren kann, theils weil sie überhaupt für sich und ihre Mitbürger mehr Nützliches schaffen, als die Andern, folglich die Blüthe des Staats und das Wohlsein Aller fördern. Der Staat hat hier die Pflicht, den Unterricht auf alle Weise zu erleichtern und zu unterstützen; also durch angemessene Anstalten dafür zu sorgen, dafs ihn Die, welche ihn suchen, für möglichst geringe Kosten finden; so wie auch dafür, dafs er den Vorzüglich-Fähigen auch dann zugänglich sei, wenn ihre Angehörigen die Kosten nicht ganz, oder gar nicht tragen können; denn diese Vorzüglich-Fähigen, die sich sowohl unter den Armen als unter den Reichen finden, sind es, welche die Kosten des Unterrichts dem Staate am reichlichsten lohnen. Deshalb wäre es hier wieder nicht unrecht, wenn die Kosten des Unterrichts in den öffentlichen Lehr-Anstalten so festgestellt würden, dafs sie zugleich die Mittel gewähren, jenen Vorzüglich-Fähigen, die der Staat durch die Ober-Aufseher der Volksschulen sogar aufsuchen lassen müfste, die Kosten zum Theil oder ganz zu erlassen; und zwar, um auch hier wieder die Armen gegen die Andern nicht herabzusetzen, auch den Nicht-Armen. Stiftungen thun das Übrige.

Für den sogenannten höhern Unterricht wird sehon von alter Zeit her angelegentlich gesorgt. Zwar dürfte dabei gar Vieles anders zu wünschen sein, indessen liegt dieser Gegenstand mehr aufser dem Bereich des gegenwärtigen Vortrages. Wir beschränken uns daher insbesondere nur auf den ersten, ganz auf Kosten des Staats oder der Gesammtheit dem Volke zu verschaffenden Unterricht.

§. 95.

Da dieser erste Unterricht so ungemein wichtig und nothwendig ist, so bedarf die Frage, worin er bestehen müsse und wie er zu ordnen und zu lenken sei, um seinen Zweck zu erfüllen, die angelegentlichste Erwägung.

Dafs zunächst ein unterrichtetes Volk überhaupt sich besser befinde, als ein wildes, wird Niemand bezweifeln, der richtig urtheilt. Niemand wird sich im Ernst in die Wälder zurückwünschen; und wer es thut, oder dazu räth, ist im Irrthum befangen. Wer den Unterricht in nützlichen Dingen und in den Mitteln zur Erweckung und Entwicklung der herrlichen menschlichen Eigenschaften und sittlichen Fähigkeiten verwirft, gleicht dem Erben, welcher seine Erbschaft wegwirft, sich dann noch beinahe bis zur That-Unfähigkeit selbst verstümmelt und so absichtlich dem Elende sich Preis giebt; denn die nützlichen Kenntnisse sind nichts anders, als die kostbare Erbschaft von Ergebnissen des Nachdenkens und der Erfahrungen der Väter, und die Sittlichkeit ist das Werkzeug zur nützlichen That. Und dann: will ein Volk wirklich *frei* sein, das heifst: will Jeder Einzelne dahin gelangen, Alles (unter der Bedingung, Niemanden zu schaden) thun zu dürfen und zu können, was ihm oder Andern nützt (wir müssen immer wieder an diese Bezeichnung der wahren und allein möglichen Freiheit erinnern), so mufs es sich unterrichten; und zwar unterrichten in Dingen, die wirklich frommen; nicht in einer Weise, die seine Begriffe und Ansichten, statt sie zu ordnen und wirklich aufzuklären, nur verwirrt, die, statt zur Förderung des Wohls der Gesammtheit und durch dies zum eigenen Wohl, zur Sonderung und zur Eigensucht führt. Eine ununterrichtete Volksmasse wird, so lehrt es die Erfahrung und die Geschichte aller Zeiten, gar bald zu einem Spielball der rohen Gewalt, oder der eigensüchtigen Schlauheit Einzelner, die sie dann blofs nur noch als Zahlen behandelt. Eine solche Masse ist aber warlich nicht frei, sondern nichts anders als ein den Gewaltigen oder Schlauen unterworfener Haufe von Sclaven. Auch der Wilde in den Wäldern ist keinesweges frei; er ist der Sclav des Thieres im Menschen, des Elends, des Mangels und der Gewalt des Stärkeren. Die Freiheit, welche er sich nimmt, den Schwächeren zu unterjochen und zu tödten, ist im Widerspruch mit sich selbst, denn die nemliche Freiheit nimmt sich auch der noch Stärkere; und folglich ist Jener nicht frei, sondern Unterthan des Letzteren. Ein übel unterrichtetes Volk, dessen Begriffe und Ansichten nicht der Förderung des Wohls der Gesammtheit angemessen sind, ist ebenfalls nicht frei, sondern Sclav seiner eigenen Irrthümer, und die Masse wird entweder Unterthan der schlauen und stärkeren Eigensüchtigen, oder sie wüthet gegen sich selbst.

§. 96.

Worin wird nun der Volks-Unterricht bestehen müssen, um durch ihn den grofsen Zweck des Wohlseins und der Freiheit Aller zu erzielen?

Die sachlichen (materiellen) Kenntnisse und Übungen, die dazu gehören dürften, sind nach der Bestimmung, dafs der Volks-Unterricht Das umfassen müsse, was Jedem ohne Ausnahme beizubringen sei, damit er überhaupt erst zu einem Mitgliede des Gesellschaftsverbandes sich eigne, nicht schwer zu bezeichnen. Sie bestehen, nächst dem Lesen, Schreiben und dem Rechnen für das gewöhnlichste Leben, in den nöthigsten Kenntnissen von der Natur und ihren Kräften, von der Erde und den Gestirnen, von den Ländern der Erde und ihrer Geschichte, dem Vaterlande insbesondere. Es mag Dies zwar viel zu viel zu sein scheinen: aber von Allem der Kern und das Nöthigste ist weder zuviel, um während eines 8 bis 10 Jahre dauernden Unterrichts allmälig mitgetheilt zu werden, noch liegt irgend Etwas davon aufser der Fassungskraft der Jugend, sobald man nur auf Thatsachen sich beschränkt, stets nur mehr das Wahrnehmungsvermögen, das Gedächtnifs und den einfachen Verstand in Anspruch nimmt, die Lust zum Wissen anregt und die starre Schulform fernhält. Nichts vom Dem, was zu lehren wäre, ist an sich schwer: aber allerdings schwer wird es sein, es so zu lehren, dafs es nicht schwer scheine; und noch schwerer die Aufgabe, in den Bildungs-Anstalten der Lehrer für dieselben Dasjenige zu bezeichnen, welches das Wichtigste ist, und es so zu formen, dafs es in dem Munde des Lehrers für Jeden fafslich sei. Diese Aufgabe gehört für die Männer, die, während sie die Natur der menschlichen Geisteskräfte, nebst den Mitteln sie zu entwickeln durchforscht und richtig erkannt haben, in die Wissenschaften am tiefsten eingedrungen sind. Nur sie werden die Aufgabe richtig lösen; und sie ist ihrer würdig.

§. 97.

Aber an den sachlichen Kenntnissen und Übungen genügt es nicht. Es giebt für den Volks-Unterricht noch einen zweiten Gegenstand, der eben so wichtig, ja selbst noch wichtiger ist. Wenn auch der Unterricht im Sachlichen bei Diesem oder Jenem nur sehr mangelhafte Früchte trägt, ist der Schaden noch bei weitem nicht so grofs, als wenn die zweite Aufgabe verfehlt wird. Dieser zweite Gegenstand ist die Erweckung und Entwickelung des jedem Menschen inwohnenden Gefühls für Recht und Unrecht und seiner Anlage zur Sittlichkeit, und die richtige Lenkung dieser Anlage.

In der That ist ohne Sittlichkeit kein Gesellschaftsverband *möglich*. Dieses hat die Natur selbst dadurch angedeutet, dafs sie das gleiche Gefühl für Recht und Unrecht, den gleichen Kern der Sittlichkeit, welcher ist: Andern das Gute zu thun, was man von ihnen erwartet, bei allen Völkern gleich, in allen Zeit-Altern (am deutlichsten durch die Eltern-, Kindes- und Familienliebe) in jedes menschliche Wesen legte. Jenes schöne Gefühl und diese wohlthätige Anlage sind gleichsam der Instinct des Menschen; sie sind von seiner Natur unzertrennlich, wenn auch nur zu oft durch Wahn und Irrthum zurückgedrängt und verdunkelt. Sie sind der Fingerzeig, dafs nur durch die Sittlichkeit der Mensch zum dauernden Wohlsein gelangen kann; zu welchem dann auch die wahre Freiheit gehört. Ohne die Sittlichkeit ist nur Elend und Verderben. Vernunft und Erfahrung bestätigen dies.

In der That: Tritt die rohe **Eigensucht** an die Stelle der Achtung vor dem Rechte der Andern, das Unrecht an die Stelle des Rechts, so sind Alle in beständigem Kampf gegen Alle; die Menschen sind also dann auch nicht **frei**, sondern Sclaven beständigen Ringens gegen einander und gegen die Übermacht; das Ende des Zustandes, auf seine Spitze gelangt, ist Verwüstung und Zerstörung der Gesellschaft.

Wird das **Eigenthum** nicht geachtet, so wird bald Niemand mehr sich regen wollen, nicht einmal für sich selbst; es sind dann wieder Alle im Kampf gegen Alle, die Freiheit erliegt der Gewalt und das Ende davon ist wieder der Untergang der Gesellschaft.

Werden die **Familienbande** gelöset, so verschwindet der schönste Theil des Wohlseins, das häusliche Glück, und das kommende Geschlecht büfst mit seiner Verlassenheit und mit seinem Elende die Schmach seiner Vorfahren; das letzte Ende davon kann wieder nur allgemeines Verderben sein.

Stellt sich die **Jugend** über das Alter, so tritt Ungeprüftes und Unbewährtes an die Stelle des Geprüften und Bewährten: die Jugend schadet **Allen**, sich selbst aber am meisten; denn Die jetzt jung sind, werden einst alt, und andere Jüngere thun dann **ihnen**, wie **sie** den Alten thaten.

Tritt die **Rache** an die Stelle der Versöhnlichkeit und der Milde, so **endet** sie nicht, und ihr Ziel liegt nur in der Vernichtung.

Alle diese Abweichungen von der Sittlichkeit sind, leider! in geringerem oder stärkerem Maafse da, und waren es zu allen Zeiten; doch konnten sie nie bis zum Äufsersten gehen. Fanden sich die Massen zuletzt durch den Irrthum zu empfindlich gedrückt, so erhoben sie sich; je tiefer indefs die Unsittlichkeit gewurzelt war, um so schwieriger war die Besserung, da sich an die Stelle der Übel nur schlimmere drängten. Die Besserung ist und war erst möglich durch die Herstellung der **Sittlichkeit**; welche Hülfe dann auch endlich, wie es die Weltgeschichte lehrt, wirklich kam, wenn auch erst nach langem Elende; denn das Gefühl für Recht und Unrecht und die Anlage zur Sitte ist glücklicherweise unverwüstlich und von der menschlichen Natur unzertrennlich. Warlich! wäre dies nicht, die menschliche Gesellschaft hätte längst sich selbst vertilgt.

In diesem Sinne läſst sich nicht mit Unrecht sagen, das Verderbliche und Böse sei nicht der menschlichen Natur eingeboren, sondern nur eine Frucht des Irrthums und der Schwäche des Urtheils. Eingeboren ist dem Menschen nur das Trachten nach Wohlsein, nebst der dasselbe möglich machenden Neigung zu dem Mittel dazu, der Sittlichkeit. Den Irrthum zu besiegen, hat er die Vernunft, und es kommt nur auf seinen Willen an.

§. 98.

Will daher ein Volk glücklich und dauernd wahrhaft frei sein: so sei es sittlich. Nur allein dadurch erreicht es sein Ziel. Also muſs auch der Volks-Unterricht ganz besonders dahin streben, in den jugendlichen Gemüthern das Gefühl für Recht und Unrecht und die Anlage zur Sittlichkeit zu wecken und unausgesetzt weiter zu entwickeln. Er muſs dies aber nicht in der schulgemäſsen Form thun, weil die Jugend zu abgezogenen Schlüssen und Urtheilen nicht fähig ist: er muſs es durch immerfort aus dem gewöhnlichen Leben und den gewöhnlichen Vorfällen in demselben bei jeder Gelegenheit entnommene Beispiele und auf die allerschlichteste und gemeinfaſslichste Weise thun; zugleich jedesmal auf die Vernunftmäſsigkeit und Nützlichkeit der Ermahnungen und Lehren aufmerksam machend; und dies ist ganz möglich und leicht, da die Beweismittel so einfach sind und so nahe liegen; sie sind alle in dem einzigen, in der Ausübung allein zum Wohle Aller vollständig durchzuführenden Satze begriffen, daſs das Gute, was man von Andern erwartet, auch Ihnen zu thun sei. Diese Lehre von den vernunftmäſsigen Pflichten ist auch zugleich schon einschlieſslich die wahre Lehre von den Rechten eines Jeden: denn wenn Niemand dem Andern schadet und Unrecht thut, so werden dadurch die Rechte eines Jeden schon von selbst geachtet. Die Anleitung zur Sittlichkeit mufs nicht einen abgesonderten Lehrgang ausmachen, nicht theoretisch, sondern gleichsam practisch immerfort geübt und jeder kleinste Anlafs mufs dazu benutzt werden.

§. 99.

Doch, die Vernunftmäfsigkeit der Sittlichkeit ist nicht ihre einzige und stärkste Stütze; die Stütze würde in der That immer nur schwach sein, weil der richtige Gebrauch der Vernunft zu wenig allgemein ist; wenigstens nicht vor den Jahren kommt und in gewissem Sinne erst aus der Sittlichkeit hervorgeht. Nur zu leicht irrt sich die Vernunft. Auch ein Beweis davon ist, dafs man selbst von Manchen, die sich sonst mit scharfer Denkkraft begabt zeigen, Theorieen aufstellen sieht, welche die Nothwendigkeit der Sittlichkeit ganz oder zum Theil leugnen, oder für dieselbe, statt der rechten, allein allgemein ausführbaren Regeln, andere geben.

Aber auch dafür, dafs der Irrthum nicht gegen die Wahrheit dauernd sich behaupten könne, hat die Natur gesorgt. Sie hat in die Menschenseele auch noch das Gefühl gelegt, dafs nichts ohne Ursach und Quelle sei, dafs es also ein Etwas, mit Alles umfassender, Alles durchdringender und unvergänglicher Kraft geben müsse, in welchem die Quelle alles Lebens und, da beim Menschen das Gesammtleben nur durch das Gute und Rechte oder durch die Sittlichkeit dauernd möglich ist, die Quelle des Guten und Rechten, also der Sittlichkeit selbst liegt. Die Ahndung, gleichsam wieder der Instinct für dieses Wesen, findet sich wieder in allen Völkern, sobald sie sich ihrer Vernunft bewufst geworden sind, so wie in allen Zeiten gleichmäfsig; so dafs auch sie von der menschlichen Natur unzertrennlich ist. Jeder kommt darauf sehr einfach durch den seiner Vernunft eingeborenen Satz, dafs Das, was er um sich her sieht und was der Gesammtheit und ihm selbst geschieht, nothwendig die Kraft eines über Alles waltenden Wesens zur Quelle haben mufs.

§. 100.

Es ist seltsam, für das Dasein jenes Wesens noch erst einen Beweis, in der gewöhnlichen Bedeutung dieses Worts, zu verlangen. Solche Beweise sind Zurückweisungen auf früheres Gewisse. Aber von den Quellen ist dem Menschen Nichts gewifs; auch nicht in der Körperwelt. Das letzte Ziel seiner Erkenntnifs ist die Wahrnehmung; er kann zurückschliefsen und zergliedern, aber den letzten Kern kennt er nicht. Er weifs nicht, was am Ende ein Tropfen Wasser ist, und selbst sein reinstes Vernunftgebäude, die Mathematik, mufs sich mit dem Ausgehen von unbewiesenen und unbeweisbaren Grundsätzen begnügen. Alle Gewifsheit, die der Mensch irgendwo durch die Vernunft zu erstreben vermag, hat er nicht aus den unerkannten Quellen, sondern wird ihm nur dadurch, dafs Das was wahr ist nirgend mit sich selbst und mit Dem was daraus folgt in Widerspruch kommt. Wie sollte er nun das Dasein der Quelle des Alls auf jene Art beweisen können, oder auch nur beweisen wollen? Der Beweis ihres Daseins liegt in dem Gefühl, dafs jede Wirkung ihre Ursach hat, und der Beweis davon, dafs die Quelle des Alls nur die des Guten sein könne, in der Erhaltung des Alls, die allein nur durch das Gute und Rechte möglich ist; so wie in dem Wesen des Menschen selbst, vermöge des ihm eingeborenen Gefühls von Recht und Unrecht. So gewifs das Dasein des Alls selbst, des Lebens, des Dranges nach Wohlsein und des Gefühls für das Gute und Rechte, als des Mittels dazu ist: so gewifs ist auch, vermöge der obigen Sätze, das Dasein der Quelle von allen Diesem: das Dasein eines höchsten Wesens.

In der That leugnen auch eigentlich nur einige Irrende dieses Dasein selbst; und Die es leugnen, thun es mit Denen, welche nicht begreifen und zugeben wollen, dafs das höchste Wesen die Quelle nur des Guten sein könne, deshalb, weil sie einen Widerspruch darin finden, dafs ein solches Wesen nicht so viel Unrecht und Elend in der Welt zulassen könnte. Aber Diese vergessen, dafs ja die Menschen aus den Händen der Natur frei selbstthätig hervorgingen, dafs ihnen der Drang nach Wohlsein eingepflanzt, dazu das Gefühl für Recht und Unrecht und die Neigung zur Sittlichkeit, als die Mittel das Wohlsein zu erreichen, und dann die Vernunft gegeben ist, um diese Mittel zu benutzen; so dafs es nur die Schuld der *Menschen selbst*, nicht die der Quelle alles Lebens, des höchsten Wesens ist, wenn sie, statt zum Wohlsein zu gelangen, sich elend machen. Das Böse kommt warlich nicht aus jener Quelle, sondern von den Menschen selbst und allein; denn es steht ja in ihrer Gewalt, die Übel, welche sie sich selbst und einander zufügen, abzuwenden; ja sogar, durch fortschreitende Erforschung der Natur mittels der Vernunft, die Übel, welche die Naturkräfte ihnen zufügen, zu meiden. Der Beweis von letzterem ist, dafs im Laufe der Jahrhunderte die Abwendung dieser Übel wirklich wesentlich fortgeschritten ist. Der Mensch lästert nicht allein das höchste Wesen, er lästert seine eigene, frei-selbstthätig, also jenem Wesen ähnlich geschaffene Natur, wenn er die Schuld der Übel von sich auf die Quelle des Alls schiebt und wohl gar sie verleugnet. Mit dem höchsten Wesen verleugnet er gleichsam sich selbst und erniedrigt sich muthwillig und selbstschänderisch *sehr* tief.

§. 101.

An die Überzeugung von der Gewifsheit des Daseins einer waltenden Quelle alles Lebens und alles Guten schliefst sich weiter von selbst zunächst die Überzeugung von der Möglichkeit einer unbegrenzten Vervollkommnung, also von einer nicht endenden Fortdauer. Da kein Stäubchen vergeht, sondern nur gewandelt wird, so kann auch der menschliche Geist, hoch über dem Staube, nicht in Nichts übergehen: in ein Nichts, welches für die Vernunft an sich selbst schon ein Unding ist. Ferner die Überzeugung von der Milde des waltenden höchsten Wesens, also von Tilgung der Verirrungen durch Erkenntnifs und Entäufserung derselben; denn die Sittlichkeit lehrt die Menschen, dafs Milde und Vergebung für einander das Rechte sei: sie mufs sich also um so mehr an der Quelle des Guten finden. Sodann die Überzeugung von der steten Einwirkung der Quelle des Guten bis ins Einzelne; denn der Mensch selbst wirkt auf sein Schicksal ein, vermag es aber wenig: wer anders könnte es sein, als das höchste Wesen, welches die Schicksale Aller lenkt u. s. w.

Der Inbegriff der Erkenntnifs einer Quelle des Guten und alles Dessen, was sich daran anschliefst, ist Das, was das Wort Religion bezeichnet. Will man Das, woraus diese Erkenntnifs hervorgeht, deshalb, weil sich an sie nicht die für sinnliche Dinge passende Beweis-Art legen läfst, Glauben nennen, so mag es geschehen. Der Umstand, dafs die Gefühle, aus welchen die Erkenntnifs hervorgeht, dem Menschen eingeboren und von seiner Natur unzertrennlich sind, bürgt dafür, dafs der Glaube ein rechter und kein Aberglaube ist.

Jener Inbegriff der Erkenntnifs ist nun aber offenbar für die Entwickelung des Sittlichkeitsgefühls viel mächtiger, als die blofse Hinweisung auf die Vernunft; denn diese deutet nur erst auf das Werkzeug, jener auf die Kraft, von welcher das Werkzeug herrührt und die es lenkt.

Deshalb sei denn der Volks-Unterricht in der Sittlichkeit *religiös;* das heifst, er gebe seine Lehren nicht als Gebote der Vernunft, sondern als Gebote oder Regeln der Quelle des Guten und des Wohlseins; ohne jedoch je zu unterlassen, zugleich die Vernunftmäfsigkeit dieser Gebote zu bezeichnen.

§. 102.

Hieraus folgt nun leicht, dafs nothwendig die Volksschullehrer selber sittlich und religiös sein müssen. Es wäre warlich das gröfste Maafs von Unheil, welches auf irgend eine Weise über ein Volk ausgestreut werden könnte, wenn Jeder, ungeprüft und unbeaufsichtigt, zum Volksschullehrer sich sollte aufdrängen dürfen. Es wäre übler als mit der unbeschränkt freien Presse. Wegen der leider nur zu grofsen Macht und Verbreitung des Irrthums, zumal in einer verderbten Zeit, und weil grade der Irrthum so gern sich hervordrängt, würde so unendlich viel Giftsamen in die keimenden Geschlechter ausgestreut werden, dafs das allgemeine Verderben mit Riesenschritten fortschreiten müfste. Es würde nicht fehlen, dafs der Jugend, entweder statt eines Gottes der Milde und Güte, ein Gott mit menschlichen Leidenschaften eingeprägt würde, welches dann die schmählichste aller Verknechtung wäre: oder statt eines Gottes der wüste Zufall, oder gar der Götze des eigenen Ichs; statt der wahren Freiheit die Zügellosigkeit; statt der Güte und Nachsicht die Rache; statt der Eltern-, Kindes- und Familienliebe thierische Wildheit; statt der Achtung für das Eigenthum künstlicher Raub; statt des Wohlwollens gegen Andere rohe Eigensucht u. s. w. alles Dieses in schöne Worte gehüllt und mit Scheingründen und klingenden Reden bedeckt, die nur allzu verführerisch sind; zumal für die Jugend, welche noch kein eigenes Urtheil hat: denn wofür lassen sich nicht Scheingründe finden! Hat man doch Gründe gefunden für die Sclaverei, für die Wildheit, für Raub, für Selbstrache, für den Zweikampf, für Folter und Scheiterhaufen. — Schnell würde das Verderben schreiten, bis zu dem Übermaafs, wo dann wieder einmal, aber vielleicht erst durch Ströme von Blut, die wahre menschliche Natur und das Rechte uud Wahre von Neuem sich geltend machen müfste. Nein, möge jedes Volk dafür bewahrt bleiben, dafs jemals Ungeprüfte und Unbeaufsichtigte den Unterricht der Jugend sich anmaafsen! Nichts ist ja schön, wahr und heilig genug, nicht das Recht und die Wahrheit selbst, nicht die Religion, dessen nicht der Irrthum, die Eigensucht und Eitelkeit zu ihren unreinen Zwecken sich zu bemächtigen wufsten, sobald ihnen die Zügel gelöset wurden.

Wie aber sollen die Volksschullehrer geprüft und beaufsichtigt werden? Wie anders als durch Männer, welche selbst wirklich sittlich und religiös sind. Und so weit ist es glücklicherweise noch nicht gekommen, dafs es deren nicht, und gar Viele noch gäbe. Dafs solche Männer dazu bestellt werden, ist Sache der Gesellschaft, des Staats, der Volksvertretung, der Regierung. Es ist eine ihrer dringendsten und heiligsten Pflichten.

§. 103.

Hier ist die Frage entstanden, ob die Geistlichen auch fernerhin zur Aufsichtsführung über den Volks-Unterricht passend sein dürften. Es ist zu unterscheiden zwischen Dem, was die Worte Religion und Kirche bezeichnen. Religion ist die Erkenntnifs des höchsten Wesens, seiner Beziehungen zu den Menschen, und Dessen, was für diese daraus folgt. Die Kirche ist die Form der Verehrung jenes höchsten Wesens und die Form, in welcher sich die Bekenner der Kirche die Beziehungen zu Gott vorstellen. Es giebt nur eine wahre Religion, aber es giebt mehrere Kirchen, und kann deren mehrere geben, die alle gegen die wahre Religion nicht wesentlich verstofsen; wie namentlich die verschiedenen christlichen Kirchen. Denn die Form von Etwas ändert noch nicht nothwendig dessen Wesen. Immer aber kommt es vorzüglich auf das Wesen an; weniger auf die Form.

Die Geistlichen sind nun ihrer Bestimmung nach Diener ihrer Kirche, während sie zugleich Diener der Religion sein sollen und nothwendig sein müssen. Sind sie wirklich beides zugleich, so eignet sich offenbar Niemand im Staate besser zur Aufsicht auf den sittlichen Theil des Volks-Unterrichts, als sie. Sind sie dagegen nur Diener der Kirche und wohl gar (den Gesetzen der Religion zuwider) nicht duldend und milde gegen Andere, nehmen sie die Form für das Wesen und wünschen nur jene der Jugend eingeprägt, so eignen sie sich dazu nicht.

Aber, giebt es wirklich Geistliche letzter Art, so folgt daraus immer noch nicht, dafs überhaupt die Aufsicht auf den Volks-Unterricht den Geistlichen entzogen werden müfste; und es wäre wunderlich, wenn man es thäte. Denn wenn z. B. ein zu diesem oder jenem Zwecke sehr taugliches Werkzeug nicht ganz gut seine Dienste thut, so wird man deshalb warlich noch nicht diese Art von Werkzeugen überhaupt verwerfen und statt ihrer einer andern, weniger passenden Art sich bedienen: man wird vielmehr das schadhaft gewordene Werkzeug herstellen lassen, oder für ein neues von derselben Gattung sorgen. Man sehe also nur darauf, dafs nur solche Geistliche angestellt werden, die nicht blofs Diener ihrer Kirche, sondern auch Diener der wahren Religion sind, mit welcher ihre Kirche nicht im Widerspruch sein kann, weil sie sich sonst nicht erhalten würde: so wird sich Niemand besser zur Aufsicht auf den sittlichen Theil des Volks-Unterrichts eignen, als die Geistlichen. Der sachliche Theil des Unterrichts kann eben sowohl durch Laien beaufsichtigt werden, und besser; weil diejenige durchgreifende Einsicht in die verschiedenen Wissenschaften, die nöthig ist, um daraus den Kern und Das was für die Jugend gehört zu entnehmen und es für dieselbe zugänglich zu machen, von den Geistlichen nicht nothwendig zu verlangen ist.

§. 104.

So geordnet wird der Volks-Unterricht Allen zum Heil gereichen und er wird folglich auch den Arbeitern Segen bringen und ihren Zustand noch eben so sehr und noch mehr verbessern, als alles Übrige, was sonst nach den obigen Andeutungen für sie geschehen kann: denn eine richtige und gesunde Einsicht in die Natur der Dinge, die wahre, sittliche Freiheit, der innere Friede, das Glück der Familie, die Milde und Güte gegen Andere, die, wenn sie dem Unterricht zufolge allgemein und gegenseitig waltet, auch wieder Dem zu Gute kommt, der sie übt, sind mehr werth als alle andern Güter und Genüsse der Erde.

Im October 1848 und Mai 1849.

(Druck von G. Reimer in Berlin.)

FSC
www.fsc.org
MIX
Papier | Fördert gute Waldnutzung
FSC® C083411

Kolibri 360 GmbH
Ferdinand-Jühlke-Straße 7
99095 Erfurt, Deutschland
produktsicherheit@kolibri360.de